应用型人才培养"十三五"规划教材

公路工程施工测量

（附实训手册）

冯卡　孔德成　主编

化学工业出版社

·北京·

本书严格按照"公路工程施工测量"课程教学大纲编写，注重理论与实践相结合，开发了大量以公路工程施工一线的最新测量技术应用为支撑的实训教学资源，采用全新模式编写。全书包括施工测量常用图纸的识读、施工放样的基本方法、公路路线及路基路面测量与放样、桥梁工程施工测量放样、GPS测量系统（RTK技术）在测绘工程中的应用、RTK在公路工程施工测量中的应用以及公路工程施工放样实操考核等，内容丰富，案例翔实，旨在打造能够与施工现场测量技术零距离对接的教材。同时配备了《公路工程施工测量实训手册》，对培养学生独立工作、提高技能方面起到显著作用。

　　本书可作为普通高等学校、高职高专学院和成人教育道桥土建类相关专业的教学用书，也可作为道桥类企事业单位技术人员的参考用书。

图书在版编目（CIP）数据

公路工程施工测量：附实训手册/冯卡，孔德成主编. —北京：化学工业出版社，2018.10（2023.2重印）
ISBN 978-7-122-32787-1

Ⅰ.①公… Ⅱ.①冯…②孔… Ⅲ.①道路工程—施工测量—教材 Ⅳ.①U415.1

中国版本图书馆CIP数据核字（2018）第177388号

责任编辑：李仙华　　　　　　　　　　　文字编辑：向　东
责任校对：王素芹　　　　　　　　　　　装帧设计：王晓宇

出版发行：化学工业出版社（北京市东城区青年湖南街13号　邮政编码100011）
印　　装：北京建宏印刷有限公司
787mm×1092mm　1/16　印张13　字数305千字　2023年2月北京第1版第4次印刷

购书咨询：010-64518888　　　　　　　　售后服务：010-64518899
网　　址：http://www.cip.com.cn
凡购买本书，如有缺损质量问题，本社销售中心负责调换。

定　　价：39.80元　　　　　　　　　　　　　　　　　版权所有　违者必究

前言
FOREWORD

公路工程施工测量是路桥施工非常重要的一项环节，行业企业对工程技术人员的施工测量能力要求较高，施工测量岗位人才匮乏。目前"道路工程测量"课程和"路基路面施工技术"课程教学中间缺少施工测量课程的有效衔接，本书填补了此项空白，本书训练任务与施工现场测量任务完全一致，能够有效训练施工放样技能，并能指导施工队伍进行道路铺筑的测量工作。作为高职高专"任务驱动"型教材，编写时强调以能力为本位，以岗位技能为目标，彻底打破原有的课程体系，重新构建新的课程框架。

本书共分为施工测量常用图纸的识读、施工放样的基本方法、公路路线及路基路面测量与放样、桥梁工程施工测量放样、GPS测量系统（RTK技术）在测绘工程中的应用、RTK在公路工程施工测量中的应用、公路工程施工放样实操考核七个项目。分别进行如下内容的教学：1. 读懂施工图纸中与测量相关的图形和表格；2. 能够使用测量仪器进行已知点的高程和平面位置的放样；3. 能够把设计图纸上的公路线形位置、形状、宽度和高低在施工现场标定出来；4. 桥梁墩台定位与测设、桥梁基础施工放样；5. RTK技术在测绘工程中的应用；6. 运用RTK技术进行道路测量与放样；7. 进行路线中桩放样考核。

项目中的任务由以下几部分组成：

【学习目标】提出具体的学习目标，明确本任务的各项目标。

【任务支撑知识】对学习的重点知识内容进行详细说明，内容由浅入深，达到学习内容的拓展与延伸之目的。

【任务技能训练】引导学生进行技能训练，通过实训目的、仪器与工具准备、实训步骤与方法、实训报告等，自主应用自己得到的结论解决某些具体问题。另本书专门配备了《公路工程施工测量实训手册》，此环节与实训手册一起使用教学效果更佳。

【学习效果评价反馈】学生通过本次任务的学习和训练，提出自己的见解和建议。

本书由冯卡、孔德成任主编，其中项目1~项目4、项目7、实训手册的实训任务1~实训任务10由冯卡编写，项目5、实训手册的实训任务11~实训任务14由孔德成编写，贾方方参与了项目6、实训手册的实训任务15~实训任务19的编写。

由于编写时间仓促，本书疏漏之处在所难免，恳请广大师生与公路工程测量专业人士批评指正。

编者
2018年8月

目 录
CONTENTS

项目1 施工测量常用图纸的识读 / 001

任务1 课程导入 / 001
任务2 平面图、纵断面图、横断面图的识读 / 005
任务3 公路施工图中图表资料的识读 / 012

项目2 施工放样的基本方法 / 021

任务1 已知高程的放样 / 021
任务2 已知水平角、距离的放样 / 024
任务3 已知点的坐标放样 / 027

项目3 公路路线及路基路面测量与放样 / 032

任务1 路线桩位施工放样和计算 / 032
任务2 路线桩位纵断面高程放样和计算 / 042
任务3 路基施工放样 / 046
任务4 路面施工放样 / 056
知识拓展 用路线控制桩恢复中线 / 062

项目4 桥梁工程施工测量放样 / 069

任务1 桥墩台及基础标高放样 / 069
任务2 桥梁细部施工放样及墩台竣工测量 / 074
知识拓展 涵洞放样 / 080

项目5 GPS测量系统（RTK技术）在测绘工程中的应用 / 082

任务1 GPS测量系统简介与操作 / 082
任务2 RTK技术在测绘工程中的应用 / 087

项目6 RTK在公路工程施工测量中的应用 / 098

任务1 利用RTK技术进行公路设计 / 098

任务 2　利用 RTK 技术进行公路放样　　　/ 104

项目 7　公路工程施工放样实操考核　　　/ 114

任务 1　路线施工高程测量测试考核　　　/ 114
任务 2　路线施工高程放样考核　　　/ 115
任务 3　路线中桩位置及高程放样考核　　　/ 115
任务 4　桥梁墩台中桩位置及高程放样考核　　　/ 116

附录　　　/ 117

附录一　施工测量相关知识（参考学习内容）　　　/ 117
附录二　公路工程施工测量技术工艺标准（桥梁）　　　/ 152

参考文献　　　/ 162

项目 1

施工测量常用图纸的识读

学习要点

公路施工测量的任务；公路工程施工测量(放样)的依据；识读平面图、纵断面图、横断面图，识读路基设计表、直曲表、逐桩坐标表等。

核心技能

能够在平面图中标识出中桩、边桩的位置、高程和宽度；能够将表中数据与图形位置对应并为测量放样做好准备工作。

任务 1 课程导入

学习目标

1. 能够阐述公路定义及目前公路工程施工测量的内容及其作用；
2. 知道勘察设计阶段测量与施工阶段测量(放样)的不同内容；
3. 对测量仪器进行操作使用的复习与回顾。

 任务描述

通过多媒体资源和教师讲解，使学生能知道公路施工测量的任务，并能熟练操作工程测量仪器。

学习引导

本学习任务沿着以下路线进行学习。

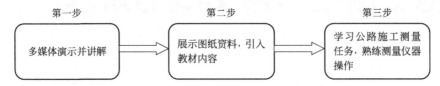

1.1 任务支撑知识

1.1.1 公路工程施工测量（放样）的任务

利用测量技术将设计图纸上的工程构造物的平面位置和高程在实地标定出来，作为施工的依据。在施工过程中，检测工程构造物的几何尺寸，以实现从设计图纸到工程实物的转变。施工测量涉及如下几个方面：

（1）熟悉图纸和施工现场 设计图纸主要有路线平面图、纵横断面图和附属构筑物等。在明了设计意图及满足对测量精度要求的基础上，应勘察施工现场，找出各交点桩（定义：路线的转折点，即两个方向直线的交点，用 JD 来表示）、转点桩（用 ZD 表示，转点的测设：当相邻两交点互不通视时，需要在其连线测设一些供放线、交点、测角、量距时照准之用的点。分为在两交点间测设转点和在两交点延长线上测设转点）、里程桩和水准点的位置，必要时应实测校核，为施工测量做好充分准备。

（2）公路中心线复测 公路中心线定测以后，一般情况不能立即施工，在这段时间内，部分标桩可能丢失或者被移动。因此，施工前必须进行一次复测工作，以恢复公路中心线的位置。

（3）测设施工控制桩 由于中心线上的各桩位，在施工中都要被挖掉或者被掩埋，为了在施工中控制中线位置，需要在不受施工干扰、便于引用、易于保存桩位的地方测设施工控制桩（道路上一般都是先布设道路中桩，按中桩放线挖填方做好路床，然后按中桩向两侧依据设计要求的路宽垂直布设"腰桩"，在腰桩上测好路中油面高程后，两侧腰桩拉线来控制道路各层结构的标高）。

（4）水准路线复测 水准路线是公路施工的高程控制基础，在施工前必须对水准路线进行复测。如有水准点遭破坏应进行恢复。为了施工引测高程方便，应适度加设临时水准点。加密的水准点应尽量设在桥涵和其他构筑物附近等易于保存、使用方便的地方。

（5）路基边坡桩的放样 路基放样主要是测设路基施工零点和路基横断面边坡桩（即路基的坡脚桩和路堑的坡顶桩）。

（6）路面的放样　路基施工后，为便于铺筑路面，要进行路槽的放样。在已恢复的路线中线的百米桩、十米桩上，用水准测量的方法测量各桩的路基设计高，然后放样出铺筑路面的标高。路面铺筑还应根据设计的路拱［路拱坡度主要是考虑路面排水的要求，路面越粗糙，要求路拱坡度越大。但路拱坡度过大对行车不利，故路拱坡度应限制在一定范围内。对于六车道、八车道的高速公路，因其路基宽度大，路拱平缓不利横向排水，《公路工程技术标准》（JTG B01—2014）规定"宜采用较大的路面横坡"］线形数据，由施工人员制成路拱样板控制施工操作。

（7）其他　涵洞、桥梁、隧道等构筑物，是公路的重要组成部分。它们的放样测设，亦是公路工程施工测量的任务之一。在实际工作中，施工测量并非能一次完成任务，应随着工程的进展不断实施，有的要反复多次才能完成，这是施工测量的一大特征。

1.1.2　公路工程施工放样的依据

公路工程施工放样的依据是《公路工程技术标准》（JTG B01—2014）和各种构造物的施工技术规范、规程、测量规范等以及工程设计图纸。测量放样工作应遵循从整体到局部的原则，先进行控制测量，再进行细部放样测量。通过控制测量，建立起平面控制点和高程控制点与工程构造物特征点之间的平面位置及高程的几何联系。以平面控制点的坐标和高程控制点的高程为依据，利用传统测量仪器进行距离、高程和角度的测量放样或者利用全站仪和GPS进行三维坐标放样来确定工程构造物特征点在实地上的空间位置。在放样过程中，工程设计图纸是图解控制点和工程构造物特征点之间几何关系的依据；现行的施工技术规范、规程，以及测量规范是核查放样结果精度的依据。只有利用精度符合标准的几何数据，才能精确地测定工程构造物特征点的准确位置，以指导施工。

1.2　任务技能训练

1.2.1　目的

（1）能够阐述公路定义及目前公路工程施工测量的内容及其作用。
（2）对测量仪器进行操作使用的复习与回顾。

1.2.2　仪器与工具

（1）每小组到仪器室借领：水准仪1台，水准尺2个，记录板1块。
（2）自备：铅笔、计算器、计算用纸、小刀等。

1.2.3　内容与要求

（1）知道坐标和高程的相关知识，能够回答公路施工测量的相关问题。
（2）能够使用测量仪器进行测量操作。
（3）配合《公路工程施工测量实训手册》实训任务1进行技能训练。

1.2.4　参考资料

《道路工程测量》和《公路工程施工测量》教材，听教师介绍仪器操作。

1.2.5　成果形式

（1）公路施工测量知识题表　见表1-1。

表1-1 公路施工测量知识题表

问题	
问题1. 什么是施工测量？	
问题2. 施工测量的主要任务是什么？	
问题3. 施工测量的基本工作是什么？	
问题4. 施工测量的特点是什么？	
问题5. 什么是公路工程施工测量（放样）？	
问题6. 公路工程施工测量（放样）的任务是什么？	
问题7. 公路工程施工测量（放样）的依据是什么？	

（2）现场检查学生操作仪器熟练程度 见表1-2。

表1-2 仪器操作评定表

检查项目	时间	扣分	总得分
水准仪操作			
全站仪操作			

1.3 学习效果评价反馈

学习效果评价反馈表见表1-3。

表1-3 学习效果评价反馈表

班级：		学号：		姓名：		组别：	
任务名称			课程导入				
问题	教师评价						
	极不满意	不满意	一般	满意	非常满意		
	1	2	3	4	5		
1. 能准确运用所学知识完成该任务							
2. 能够积极主动查阅资料完成任务，语言表述清晰							
学生自评总分			教师评价总分				

学生对该教学方法的意见：

对完成任务的意见：

注：如对项目设置、教师在引导项目完成过程中的表现及完成项目有好的建议，请填写"对完成任务的意见"。

项目1 施工测量常用图纸的识读

任务 2　平面图、纵断面图、横断面图的识读

 学习目标

1. 能够进行路线平面图的识读；
2. 能够进行路线纵断面图的识读；
3. 能够进行路线横断面图的识读。

 任务描述

通过多媒体资源和教师讲解，使学生能够进行路线平面图、纵断面图和横断面图相关数据的分析与处理。

 学习引导

本学习任务沿着以下路线进行学习。

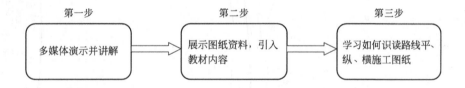

2.1　任务支撑知识

2.1.1　路线平面图

路线平面图见图1-1。

2.1.2　路线纵断面图

路线纵断面图见图1-2。

2.1.3　路线横断面图

路基标准横断面图见图1-3，路基横断面设计图见图1-4。

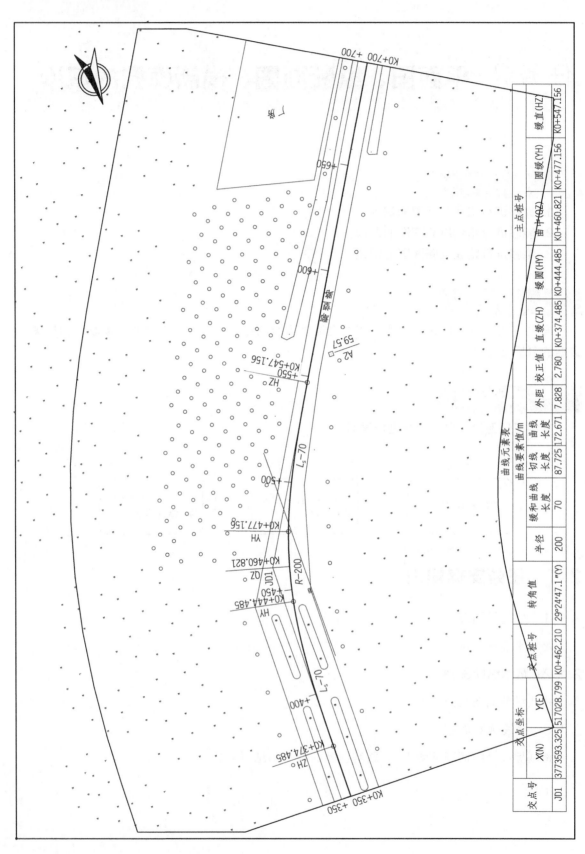

图1-1 路线平面图

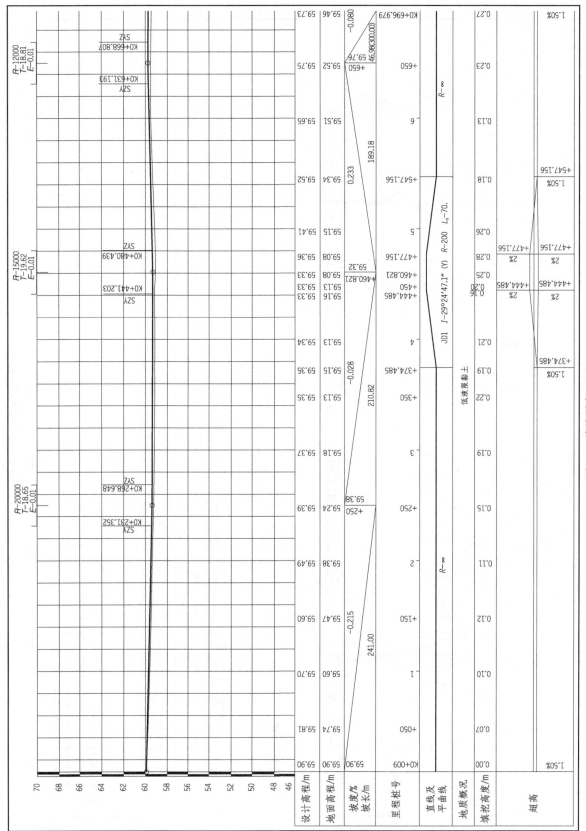

图1-2 路线纵断面图

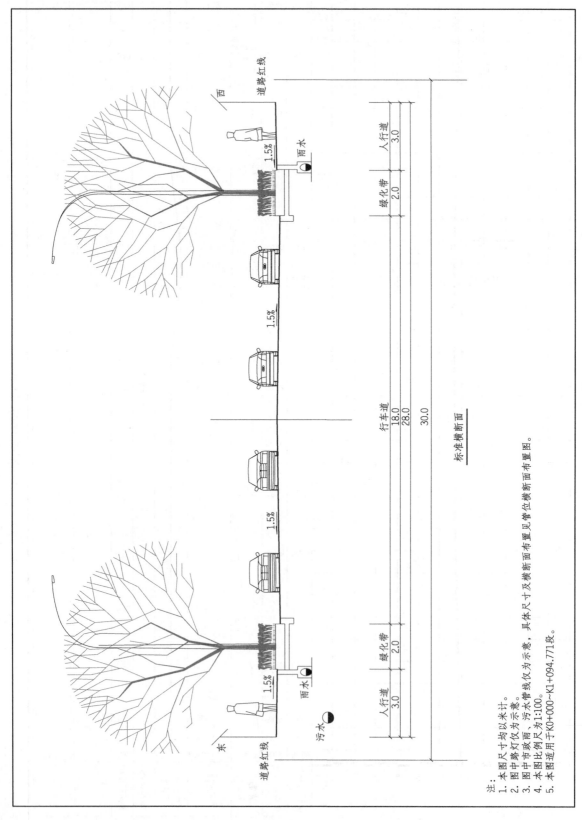

图1-3 路基标准横断面图

项目1 施工测量常用图纸的识读

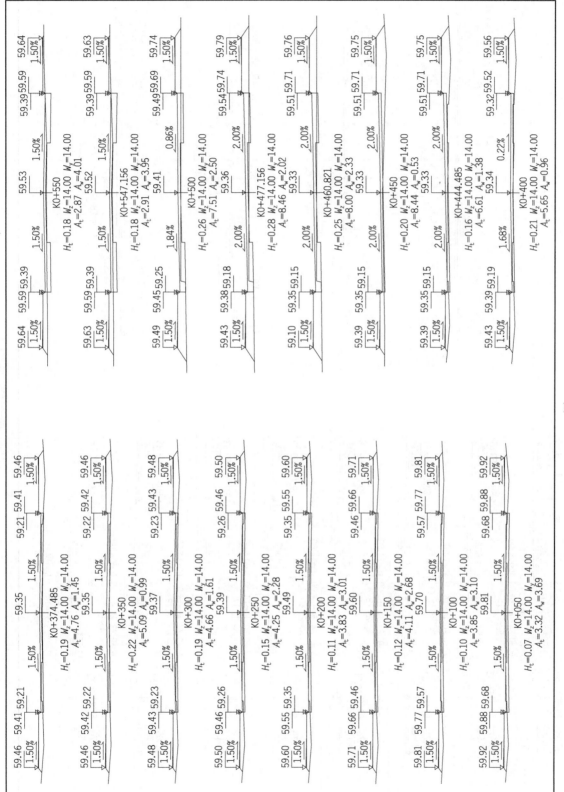

图1-4

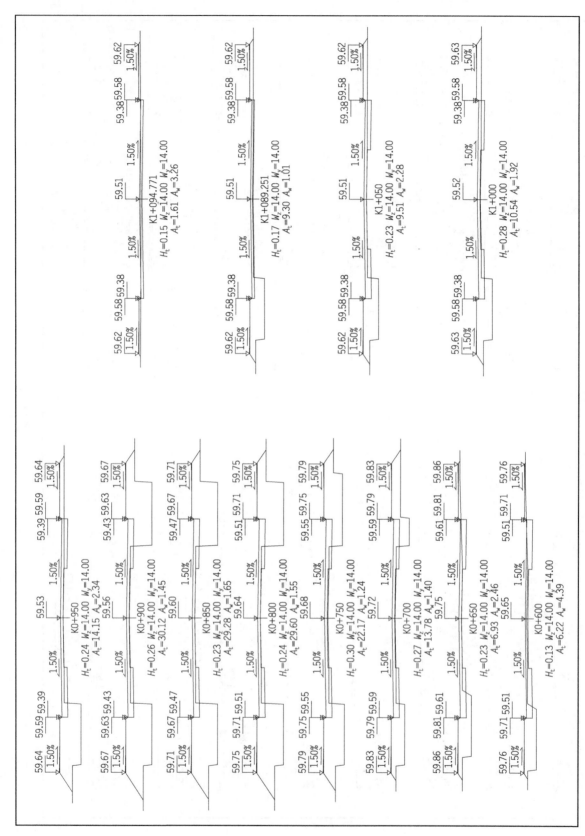

图1-4 路基横断面设计图

2.2 任务技能训练

2.2.1 目的

能够读懂路线平面图、纵断面图、横断面图的基本内容。

2.2.2 任务要求

（1）能够清楚平面图中直线及平曲线要素的基本组成。

（2）能够清楚纵断面图中竖曲线的曲线要素的基本组成。

（3）能够清楚横断面图中竖曲线的曲线要素的基本组成。

2.2.3 参考资料

下发相应工程图纸。

2.2.4 成果形式

（1）平、纵、横图纸识读题表（根据教材给定图纸完成）。

问题1. 上述平面图中的平曲线由_____、_____、_____组成。

问题2. 识读平面图，并填写下表。

交点号	交点桩号	转角值	曲线要素值/m					曲线主点桩号				
			半径	缓和曲线长度	切线长度	曲线长度	校正值	第一缓和曲线起点	圆曲线起点	曲线中点	圆曲线终点	第二缓和曲线终点
JD1	K0+462.210	29°24′47″			87.725	172.671						

问题3. 上述纵断面图由设计高程_____、_____、_____、_____、_____、_____、_____、_____组成。

问题4. 识读纵断面图，并填写下表。

桩号	竖曲线					
	标高/m	凸曲线半径 R/m	凹曲线半径 R/m	切线长 T/m	外距 E/m	起点桩号	终点桩号
K0+250							
K0+460.821							
K0+650							

问题5. 上述标准横断面图中红线宽度是_____、路基宽度是_____、路面宽度是_____、绿化带宽度是_____、人行道宽度是_____、路面横坡为_____、人行道横坡为_____。

问题6. 读路基横断面设计图写出桩号 K0+050、K0+100、K0+150、K0+200、K0+750、K0+800、K0+850桩号的设计高程、填挖高、填挖方面积、左右路基宽度。

（2）现场根据学生完成上述对图纸理解的正确程度给予分数判定（表1-4）。

表 1-4　工程图纸识读评定表

检查项目	差	及格	中	良好	优
	1	2	3	4	5
平面图					
纵断面图					
横断面图					

2.3　学习效果评价反馈

学习效果评价反馈表见表 1-5。

表 1-5　学习效果评价反馈表

班级：		学号：		姓名：		组别：	
任务名称		平面图、纵断面图、横断面图的识读					
问题	教师评价						
	极不满意	不满意	一般	满意	非常满意		
	1	2	3	4	5		
1. 能准确运用所学知识完成该任务							
2. 能够积极主动查阅资料完成任务、语言表述清晰							
学生自评总分				教师评价总分			

学生对该教学方法的意见：

对完成任务的意见：

注：如对项目设置、教师在引导项目完成过程中的表现及完成项目有好的建议，请填写"对完成任务的意见"。

任务 3　公路施工图中图表资料的识读

学习目标

1. 能够进行路基设计表识读；

项目1 施工测量常用图纸的识读

2. 能够进行直曲表的识读；
3. 能够进行逐桩坐标表的识读。

任务描述

通过多媒体资源和教师讲解，使学生能够进行路基设计表、直曲表和逐桩坐标表相关数据的分析与处理。

学习引导

本学习任务沿着以下路线进行学习。

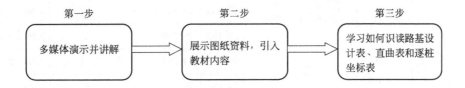

3.1 任务支撑知识

3.1.1 路基设计表

路基设计表见表1-6。

3.1.2 路线直曲表

路线直线、曲线及转角设计表见表1-7。

3.1.3 路线逐桩坐标表

路线逐桩坐标设计表见表1-8。

3.2 任务技能训练

3.2.1 目的

能够读懂路基设计表、直曲表、逐桩坐标表的基本内容。

3.2.2 任务要求

（1）能够清楚路基设计表的基本组成及相应参数。
（2）能够清楚直曲表的基本组成及相应参数。
（3）能够清楚逐桩坐标表的基本组成及相应参数。

3.2.3 参考资料

下发相应工程图纸。

3.2.4 成果形式

（1）路基设计表、直曲表（表1-9）、知识题表（表1-10）。

表 1-6

桩号	平曲线		竖曲线		地面高程/m	设计高程/m	填挖高度/m		左侧			
	左偏	右偏	凹型	凸型			填	挖	W1	W2	W3	W4
K0+009					59.902	59.900	0.002			3.00	2.00	9.00
+050					59.743	59.812				3.00	2.00	9.00
+100			-0.215%		59.603	59.704				3.00	2.00	9.00
+150			241		59.472	59.597				3.00	2.00	9.00
+200			QD K0+231.352		59.383	59.489				3.00	2.00	9.00
+250			R-20000 T-18.65 E-0.01	59.382 K0+250	59.242	59.391				3.00	2.00	9.00
+300			ZD +268.648		59.182	59.368				3.00	2.00	9.00
+350			-0.028%		59.132	59.354				3.00	2.00	9.00
+374.485		K0+374.485 (ZH)	210.82		59.152	59.347				3.00	2.00	9.00
+400			QD		59.132	59.339				3.00	2.00	9.00
+444.485		K0+444.485 (HY)	K0+441.203		59.163	59.327				3.00	2.00	9.00
+450		JD1 I-29°24'47.1" R-200 L_s-70 L_y-32.67			59.130	59.328				3.00	2.00	9.00
+460.821			R-15000 T-19.62 E-0.01	59.322 K0+460.821	59.082	59.335				3.00	2.00	9.00
+477.156		K0+477.156 (YH)	ZD +480.439		59.082	59.360				3.00	2.00	9.00
+500					59.152	59.413				3.00	2.00	9.00
+547.156		K0+547.156 (HZ)			59.342	59.523				3.00	2.00	9.00
+550			0.233% 189.18		59.352	59.530				3.00	2.00	9.00
+600				QD K0+631.193	59.512	59.646				3.00	2.00	9.00
+650			59.763 K0+650	R-12000 T-18.81 E-0.01	59.523	59.748				3.00	2.00	9.00
+700				ZD +668.807	59.452	59.723				3.00	2.00	9.00
+750					59.383	59.683				3.00	2.00	9.00
+800			-0.08% 300		59.402	59.643				3.00	2.00	9.00
+850					59.375	59.602				3.00	2.00	9.00
+900			QD K0+931.826		59.302	59.562				3.00	2.00	9.00
+950			R-50000 T-18.17 E-0	59.522 K0+950	59.282	59.525				3.00	2.00	9.00
K1+000			ZD +968.174		59.242	59.518				3.00	2.00	9.00
+050					59.285	59.514				3.00	2.00	9.00
+089.251	K1+089.251 (ZY)				59.338	59.511				3.00	2.00	9.00
+094.771			-0.008% 550		59.362	59.511				3.00	2.00	9.00

路基设计表

路基宽度/m					以下各点与设计高之差/m								坡口、坡脚至中桩距离/m		备注
中分带	右侧				左侧				右侧						
W0	W4	W3	W2	W1	A1	A2	A3	A4	A4	A3	A2	A1	左侧	右侧	
0.00	9.00	2.00	3.00			0.110	0.065	-0.135	-0.135	0.065	0.110				
0.00	9.00	2.00	3.00			0.110	0.065	-0.135	-0.135	0.065	0.110		14.38	14.33	
0.00	9.00	2.00	3.00			0.110	0.065	-0.135	-0.135	0.065	0.110		14.49	14.51	
0.00	9.00	2.00	3.00			0.110	0.065	-0.135	-0.135	0.065	0.110		14.53	14.54	
0.00	9.00	2.00	3.00			0.110	0.065	-0.135	-0.135	0.065	0.110		14.43	14.50	
0.00	9.00	2.00	3.00			0.110	0.065	-0.135	-0.135	0.065	0.110		14.42	14.62	
0.00	9.00	2.00	3.00			0.110	0.065	-0.135	-0.135	0.065	0.110		14.47	14.67	
0.00	9.00	2.00	3.00			0.110	0.065	-0.135	-0.135	0.065	0.110		14.51	14.72	
0.00	9.00	2.00	3.00			0.110	0.065	-0.135	-0.135	0.065	0.110		14.48	14.68	
0.00	9.00	2.00	3.00			0.094	0.049	-0.151	-0.020	0.180	0.225		14.47	14.86	
0.00	9.00	2.00	3.00			0.065	0.020	-0.180	0.180	0.380	0.425		14.38	15.07	
0.00	9.00	2.00	3.00			0.065	0.020	-0.180	0.180	0.380	0.425		14.71	15.16	
0.00	9.00	2.00	3.00			0.065	0.020	-0.180	0.180	0.380	0.425		15.26	15.02	
0.00	9.00	2.00	3.00			0.065	0.020	-0.180	0.180	0.380	0.425		15.30	15.06	
0.00	9.00	2.00	3.00			0.080	0.035	-0.165	0.077	0.277	0.322		15.30	14.88	
0.00	9.00	2.00	3.00			0.110	0.065	-0.135	-0.135	0.065	0.110		14.71	14.21	
0.00	9.00	2.00	3.00			0.110	0.065	-0.135	-0.135	0.065	0.110		14.70	14.21	
0.00	9.00	2.00	3.00			0.110	0.065	-0.135	-0.135	0.065	0.110		14.53	14.14	
0.00	8.50	2.00	3.00			0.110	0.065	-0.135	-0.135	0.065	0.110		14.67	14.28	
0.00	8.00	2.00	3.00			0.110	0.065	-0.135	-0.135	0.065	0.110		14.71	15.31	
0.00	7.50	2.00	3.00			0.110	0.065	-0.135	-0.135	0.065	0.110		15.65	15.35	
0.00	7.00	2.00	3.00			0.110	0.065	-0.135	-0.135	0.065	0.110		16.46	15.26	
0.00	6.50	2.00	3.00			0.110	0.065	-0.135	-0.135	0.065	0.110		16.44	15.24	
0.00	6.00	2.00	3.00			0.110	0.065	-0.135	-0.135	0.065	0.110		16.49	15.29	
0.00	5.50	2.00	3.00			0.110	0.065	-0.135	-0.135	0.065	0.110		15.81	14.66	
0.00	5.00	2.00	3.00			0.110	0.065	-0.135	-0.135	0.065	0.110		15.01	14.71	
0.00	4.50	2.00	3.00			0.110	0.065	-0.135	-0.135	0.065	0.110		14.94	14.64	
0.00	9.00	2.00	3.00			0.110	0.065	-0.135	-0.135	0.065	0.110		14.86	14.56	
0.00	9.00	2.00	3.00			0.110	0.065	-0.135	-0.135	0.065	0.110		14.28	14.28	

表1-7 路线直线、

交点号	交点坐标		交点桩号	转角值	曲线要素值/m						
	N(X)	E(Y)			半径	缓和曲线长度	缓和曲线参数	切线长度	曲线长度	外距	校正值
1	2	3	4	5	6	7	8	9	10	11	12
JD0	3774055.503	517034.2547	K0+000								
JD1	3773593.325	517028.7989	K0+462.210	29°24′47.1″(Y)	200	70	118.322	87.725	172.671	7.8284	2.78
JD2	3773008.98	516690.2107	K1+134.783	3°28′38.3″(Z)	1500			45.532	91.035	0.6909	0.028
JD3	3772720.775	516545.8123	K1+457.110	6°46′02.6″(Y)	1500			88.688	177.170	2.6196	0.206
JD4	3772267.265	516247.0105	K2+000								

编制：

表1-8 路线逐桩

桩号	坐标		桩号	坐标	
	N(X)	E(Y)		N(X)	E(Y)
K0+000	3774055.503	517034.253	K0+950	3773165.654	516790.7092
K0+009	3774046.504	517034.1468	K1+000	3773122.386	516765.6518
K0+050	3774005.506	517033.663	K1+050	3773079.118	516740.5944
K0+100	3773955.51	517033.0731	K1+089.251	3773045.151	516720.9239
K0+150	3773905.513	517032.4831	K1+094.771	3773040.375	516718.1575
K0+200	3773855.517	517031.8932			
K0+250	3773805.52	517031.3032			
K0+300	3773755.524	517030.7133			
K0+350	3773705.527	517030.1233			
K0+374.485	3773681.044	517029.8281			
K0+400	3773655.538	517029.2			
K0+444.485	3773611.272	517025.0733			
K0+450	3773605.835	517024.1485			
K0+460.821	3773595.221	517022.0443			
K0+477.156	3773579.36	517018.1465			
K0+500	3773557.584	517011.2605			
K0+547.156	3773514.548	516992.0805			
K0+550	3773512.033	516990.7529			
K0+600	3773468.531	516966.111			
K0+650	3773425.262	516941.0536			
K0+700	3773381.994	516915.9962			
K0+750	3773338.726	516890.9388			
K0+800	3773295.458	516865.8814			
K0+850	3773252.19	516840.824			
K0+900	3773208.922	516815.7666			

编制：

曲线及转角设计表

曲线主点桩号					直线长度及方向			备注
第一缓和曲线起点	第一缓和曲线终点或圆曲线起点	曲线中点	第二缓和曲线起点或圆曲线终点	第二缓和曲线终点	直线段长/m	交点间距/m	计算方位角	
13	14	15	16	17	18	19	20	21
					374.4851	462.2105	180°40′34.7″	
K0+374.485	K0+444.485	K0+460.821	K0+477.156	K0+547.156	542.0952	675.3523	210°05′21.8″	
	K1+089.251	K1+134.769	K1+180.287		188.1354	322.3552	206°36′43.6″	
	K1+368.422	K1+457.007	K1+545.592		454.4083	543.096	213°22′46.2″	

复核：

坐标设计表

桩号	坐标		桩号	坐标	
	N(X)	E(Y)		N(X)	E(Y)

复核：

表 1-9　直线、

交点号	交点坐标		交点桩号	转角值	曲线要素值/m						
	N(X)	E(Y)			半径	缓和曲线长度	缓和曲线参数	切线长度	曲线长度	外距	校正值
1	2	3	4	5	6	7	8	9	10	11	12

编制：

曲线及转角表

曲线主点桩号					直线长度及方向			备注
第一缓和曲线起点	第一缓和曲线终点或圆曲线起点	曲线中点	第二缓和曲线起点或圆曲线终点	第二缓和曲线终点	直线段长/m	交点间距/m	计算方位角	
13	14	15	16	17	18	19	20	21

复核：

表 1-10　知识题表

问题 1. 路基设计表由哪些要素组成	
问题 2. 根据路基设计表参数绘出 K0+550 横断面图	
问题 3. 直曲表由哪些要素组成	
问题 4. 根据直曲表要素绘出平曲线简图	
问题 5. 逐桩坐标表由哪些要素组成	
问题 6. 逐桩坐标表在施工测量中的作用是什么	

（2）现场通过学生对图纸复述的正确程度给予分数判定，见表 1-11。

表 1-11　公路施工图中图表资料评定表

检查项目	差	及格	中	良好	优
	1	2	3	4	5
路基设计表					
直曲表					
逐桩坐标表					

3.3　学习效果评价反馈

学习效果评价反馈表见表 1-12。

表 1-12　学习效果评价反馈表

班级：		学号：		姓名：		组别：
任务名称		公路施工图中图表资料的识读				
问题	教师评价					
	极不满意	不满意	一般	满意	非常满意	
	1	2	3	4	5	
1. 能准确运用所学知识完成该任务						
2. 能够积极主动查阅资料完成任务、语言表述清晰						
学生自评总分			教师评价总分			

学生对该教学方法的意见：

对完成任务的意见：

注：如对项目设置、教师在引导项目完成过程中的表现及完成项目有好的建议，请填写"对完成任务的意见"。

项目2

施工放样的基本方法

学习要点

施工放样中已知距离的放样;施工放样中已知水平角的放样;施工放样中已知高程的放样;施工放样中已知点坐标的放样。

核心技能

能够使用水准仪进行已知点高程的放样,能够使用全站仪进行已知距离、水平角和点坐标的放样。

任务 1　已知高程的放样

学习目标

1. 掌握已知高程的放样方法与步骤;
2. 使用水准仪运用已知高程放样的方法进行点的高程位置的放样。

任务描述

通过多媒体资源、教师讲解和实训场地现场实操,使学生能够进行已知点高程的放样。

本学习任务沿着以下路线进行学习。

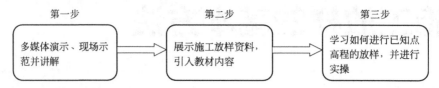

1.1 任务支撑知识

已知高程的放样是根据施工现场已有的水准点,用水准测量或三角高程测量的方法,将设计的高程测设到地面上,即根据一个已知高程的点来测设另一个点的高程,使其高差为所指定的数值。

（1）水准测量法 如图2-1所示,A为已知水准点,其高程为H_A;B为待测设高程点,其设计高程为H_B。将水准仪安置在A和B之间,后视A点水准尺的读数为a,则B点的前视读数b应为视线高减去设计高程H_B,即:

$$b=(H_A+a)-H_B$$

测设时,将B点水准尺贴靠在木桩的一侧,上、下移动尺子直至前视尺的读数为b时,再沿尺子底面在木桩侧面画一刻线,此线即为B点的设计高程H_B的位置。

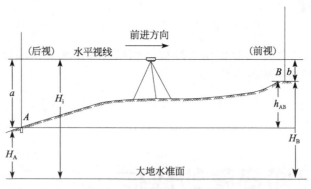

图2-1 水准测量法示意图

【例2-1】已知水准点A的高程$H_A=1020.986\text{m}$,今欲测设B点,使其高程$H_B=1020.000\text{m}$,试说明放样方法。

解 ① 安置仪器并读取后视读数a。

在AB间安置水准仪,先在A点竖立水准尺,读取水准尺读数$a=1.148\text{m}$

② 计算视线高程。

根据后视水准点高程和后视水准尺读数,得出水准仪的视线高程为:

$$H_i=H_A+a=1020.986+1.148=1022.134(\text{m})$$

③ 计算前视读数 b。

要使 B 点桩顶的高程为 1020.000m，则竖立于 B 点水准尺的读数应为：

$$b = H_i - H_B = 1022.134 - 1020.000 = 2.134(m)$$

④ 放样高程点位。

逐渐把 B 点木桩打入土中，使桩顶水准尺的读数逐渐增加至 2.134m，这时 B 点高程即为设计高程 1020.000m。

（2）三角高程法　用三角高程测量的方法放样已知高程，其操作步骤基本和水准测量的方法相同，具体操作如下：

① 将仪器（经纬仪和测距仪或全站仪）安置于已知高程点 A 上，量取仪器高 i；

② 在待测高程点 B 上立棱镜，量取觇标高 τ；

③ 测出 A 点与 B 点间的水平距离 D 和仪器视线的倾角 α，按公式 $H'_B = D\tan\alpha + i - \tau + f$（$f$ 为地球和大气的改正数），并与已知高程 H_B 进行比较；

④ 改变觇标高，重复第③步，直至 $H'_B = H_B$，即放样完成。

1.2 任务技能训练

1.2.1 目的

能够进行高程放样。

1.2.2 仪器与工具

（1）每小组到仪器室借领：水准仪 1 台，水准尺 2 个，记录板 1 块。

（2）自备：铅笔、计算器、计算用纸、小刀等。

1.2.3 内容与要求

（1）能够熟练运用高程放样的相关知识。

（2）能够使用水准仪进行高程放样操作。

（3）配合《公路工程施工测量实训手册》实训任务 2 进行技能训练。

1.2.4 参考资料

《道路工程测量》《公路工程施工测量》和《公路工程施工测量实训手册》。

1.2.5 实训数据

R 为水准点，$H_R = 15.670$m（自设水准点），A、B、C 为墙壁上待测点，设计高程 $H_A = 15.820$m、$H_B = 16.020$m、$H_C = 16.342$m，试将 A 点高程放样出来，在墙壁上用粉笔画出 A、B、C 点高程位置（放样过程中要计算出 A、B、C 点尺读数为多少时尺底就是设计高程；三点间距大约 2m）。放样数据计算见表 2-1。

表 2-1　放样数据计算表

待测点名称	待测点水准尺读数（前视计算出数据）/m	水准点高程/m	水准点水准尺读数（后视读出数据）/m	待测点高程/m
A 点	$b=$	$H_R=$	$a=$	$H_A=$
B 点	$b=$	$H_R=$	$a=$	$H_B=$
C 点	$b=$	$H_R=$	$a=$	$H_C=$

根据上述计算的放样数据，进行 A 点高程的放样，并写出放样步骤。

1.2.6 成果形式

检查学生现场放样的误差是否符合规范要求（误差为±8mm），填写表 2-2。

表 2-2 高程放样评分表

检查项目	计算过程得分	误差得分	总得分
高程放样			

1.3 学习效果评价反馈

学习效果评价反馈表见表 2-3。

表 2-3 学习效果评价反馈表

班级：		学号：		姓名：		组别：	
任务名称			已知高程的放样				
问题	教师评价					
	极不满意	不满意	一般	满意	非常满意
	1	2	3	4	5
1. 能准确运用所学知识完成该任务					
2. 能够积极主动查阅资料完成任务					
学生自评总分			教师评价总分		

学生对该教学方法的意见：

对完成任务的意见：

注：如对项目设置、教师在引导项目完成过程中的表现及完成项目有好的建议，请填写"对完成任务的意见"。

任务 2 已知水平角、距离的放样

学习目标

1. 掌握已知水平角、距离的放样方法与步骤；
2. 使用全站仪运用已知水平角、距离的放样方法进行已知水平角、距离的放样。

项目2 施工放样的基本方法

任务描述

通过多媒体资源、教师讲解和实训场地现场实操,使学生能够进行已知水平角、距离的放样。

**学习引导**

本学习任务沿着以下路线进行学习。

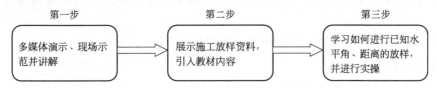

2.1 任务支撑知识

2.1.1 已知距离的放样

距离放样即在地面上测设某已知水平距离,就是在实地上从一点开始,按给定的方向,量测出设计所需的距离定出终点。

方法:用光电测距仪(全站仪)测设水平距离。

在测量技术飞速发展的今天,测距仪或全站仪的使用越来越普遍。而且用测距仪或全站仪测距是目前施工测量中较为简捷和精确的方法。采用具有自动跟踪功能的测距仪测设水平距离时,仪器自动进行气象改正并将倾斜距离改算成水平距离直接显示。具体方法如下:测设时,将仪器安置在 A 点,测出气温及气压,并输入仪器,此时按测量水平距离功能键和自动跟踪功能键,一人手持反光镜杆立在终点附近,只要观测者指挥手持反光镜者沿已知方向线前后移动棱镜,观测者即能在测距仪显示屏上测得顺时的水平距离。当显示值等于待测设的已知水平距离 D 时,即可定出终点。如图 2-2 所示。

2.1.2 已知水平角的放样

方法:盘左盘右分中法。

如图 2-3 所示,设 OA 为已知方向,要在 O 点以 OA 为起始方向,顺时针方向测设出给定的水平角 β。具体的测设方法是:在 O 点安置全站仪,盘左位置照准目标 A 点,并将水平度盘配置在 $0°$ 附近。松开照准部制动螺旋,顺时针方向转动照准部,使水平度盘读数为 β,沿视线方向在地面上定出 B' 点。为了检核和提高测设精度,倒转望远镜成盘右位置,重复上述操作,并沿视线方向定出 B'' 点,取 $B'B''$ 的中点 B,则 $\angle AOB$ 即为设计的角 β。这种方法又称为正倒镜分中法。

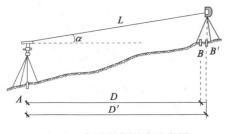

图 2-2 水平距离测设示意图

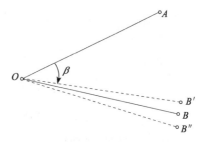

图 2-3 盘左盘右分中法示意图

2.2 任务技能训练

2.2.1 目的

能够进行距离、角度放样。

2.2.2 仪器与工具

（1）每小组到仪器室借领：全站仪1台，三脚架2个，棱镜1个，花杆1个，记录板1块。

（2）自备：铅笔、计算器、计算用纸、小刀等。

2.2.3 内容与要求

（1）能够熟练运用距离、角度放样的相关知识。

（2）能够使用全站仪进行高程放样操作。

（3）配合《公路工程施工测量实训手册》实训任务3进行技能训练。

2.2.4 参考资料

《道路工程测量》《公路工程施工测量》和《公路工程施工测量实训手册》。

2.2.5 实训操作原理

（1）**已知距离的放样** 从地面上一个已知点开始，沿已知方向，量出给定的水平距离，定出该段距离的另一端的工作（图2-4）。

图2-4 已知距离放样示意图

（2）**已知水平角的放样** 一般测设方法：盘左盘右分中法（图2-5）。

2.2.6 实训数据

根据放样数据，在实地中放样四边形具体位置，采用距离放样和角度放样的基本方法。

已知：AB边长为40m，BC边长为30m，CD边长为25m，AD边长为35.125m，四边形4个内角如图2-6所示。填写表2-4。

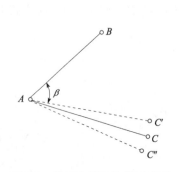

图2-5 已知水平角放样示意图

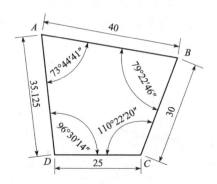

图2-6 四边形放样示意图

表 2-4　放样数据检测表

边名称	边长设计值	边长实测值	角名称	角度设计值	角度实测值

根据上述计算的放样数据，进行长方形距离、角度放样，并写出放样步骤。

2.3　学习效果评价反馈

学习效果评价反馈表见表 2-5。

表 2-5　学习效果评价反馈表

班级：	学号：	姓名：		组别：	
任务名称		已知水平角、距离的放样			
问题	教师评价				
	极不满意	不满意	一般	满意	非常满意
	1	2	3	4	5
1. 能准确运用所学知识完成该任务					
2. 能够积极主动查阅资料完成任务					
学生自评总分		教师评价总分			

学生对该教学方法的意见：

对完成任务的意见：

注：如对项目设置、教师在引导项目完成过程中的表现及完成项目有好的建议，请填写"对完成任务的意见"。

任务 3　已知点的坐标放样

学习目标

1. 掌握已知点的坐标放样方法与步骤；
2. 使用全站仪运用已知点坐标放样的方法进行点的坐标放样。

任务描述

通过多媒体资源、教师讲解和实训场地现场实操，使学生能够进行已知点的坐标的放样。

本学习任务沿着以下路线进行学习。

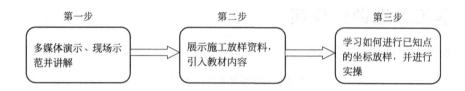

3.1 任务支撑知识

测设点的平面位置常用的方法有极坐标法、直角坐标法、全站仪法和角度交会法。放样时，应根据控制网的形式、控制点的分布情况、地形条件以及放样精度，合理选用适当的测设方法。

（1）极坐标法　极坐标法是指在建立的极坐标系中，通过待测点的极径和极角，也就是根据水平角和水平距离测设点的平面位置的方法。此方法适用于经纬仪配合测距仪或全站仪测设。

在施工现场通常是以导线边、施工基线或建筑物的主轴线为极轴，以某一个已在现场标定出来的点为极点。放样时先根据待测点的坐标和已知点的坐标，反算待测点到极点的水平距离 D（极径）和极点到待测点方向的坐标方位角，再根据方位角算出水平角 β（极角），然后由 D 和 β 进行点的放样，在这里 D 和 β 称为放样数据。

如图 2-7 所示，A、B 为地面上已有的控制点，其坐标分别为（x_A，y_A）和（x_B，y_B），欲测设 P 点，其设计坐标为（x_P，y_P）。则：

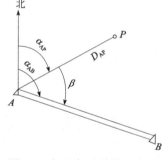

图 2-7　极坐标法放样示意图

$$D_{AP} = \frac{y_P - y_A}{\sin\alpha_{AP}} = \frac{x_P - x_A}{\cos\alpha_{AP}} = \sqrt{(x_P - x_A)^2 + (y_P - y_A)^2}$$

$$\beta = \alpha_{AP} - \alpha_{AB}$$

其中：

$$\alpha_{AB} = \arctan\frac{y_B - y_A}{x_B - x_A} = \arctan\frac{\Delta y_{AB}}{\Delta x_{AB}}$$

$$\alpha_{AP} = \arctan\frac{y_P - y_A}{x_P - x_A} = \arctan\frac{\Delta y_{AP}}{\Delta x_{AP}}$$

测设时，在 A 点安置经纬仪，瞄准 B 点，先测设出 β 角，得 AP 方向线。在此方向线上测设水平距离 D_{AP}，即得到 P 点。

(2) 直角坐标法 直角坐标法是根据直角坐标原理测设地面点的平面位置。当施工现场已建立互相垂直的基线或方格网时,可采用此法。

如图2-8所示,OA、OB 为两条互相垂直的基线,待测的轴线与基线平行。这时可根据设计图上给出的 M 点和 Q 点的坐标,用直角坐标法将构造物的四个角点测设于实地。

首先在 O 点安置经纬仪,瞄准 A 点,由 O 点起沿视线方向测设距离15m定出 m 点,由 m 点继续向前测设距离35m定出 n 点;然后在 m 点安置经纬仪,瞄准 A 点向左测设90°角,沿此方向从 m 点起测设距离25m定出 M 点,再向前测设距离20m定出 P 点。将经纬仪安置于 n 点同法测设出 N 点和 Q 点。最后应检查构造物的四角是否等于90°,各边长度是否等于设计长度,误差在允许范围内即可。

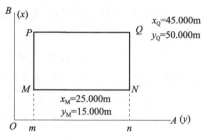

图2-8 直角坐标法放样示意图

上述方法计算简单、施测方便,测设点位的精度较高,应用较为广泛。

(3) 全站仪法 由于全站仪能适应各类地形情况,而且精度高、操作简便,在生产实践中已被广泛采用。采用全站仪测设时,将全站仪置于测设模式,向全站仪输入测设站点坐标、后视点坐标(或方位角),再输入待测设点的坐标。准备工作完成后,用望远镜照准棱镜,按相应的功能键,即可立即显示当前棱镜位置与待测设点的坐标差。根据坐标差值,移动棱镜的位置,直至坐标差为零,这时所对应的位置就是待测设点的位置。

3.2 任务技能训练

3.2.1 目的

能够进行点的坐标放样。

3.2.2 仪器与工具

(1) 每小组到仪器室借领:全站仪1台,三脚架2个,棱镜1个,花杆1个,记录板1块。

(2) 自备:铅笔、计算器、计算用纸、小刀等。

3.2.3 内容与要求

(1) 能够熟练运用点的坐标放样的相关知识。

(2) 能够使用全站仪进行点的坐标放样操作。

(3) 配合《公路工程施工测量实训手册》实训任务4、5进行技能训练。

3.2.4 参考资料

《道路工程测量》《公路工程施工测量》和《公路工程施工测量实训手册》。

3.2.5 实训步骤

(1) 对中整平全站仪,进行测站定向工作

① 输入测站点点号 A,在全站仪中输入已知点的坐标和高程,确认后量取和输入仪器高。

② 询问和输入后视点点号 B，全站仪自动提取对应已知控制点的坐标和高程，询问和输入后视点棱镜高，最后回报确认后视点点号及棱镜高。

③ 望远镜瞄准后视点棱镜，然后按测量键并确认，完成测站后视定向工作。

（2）开始放样工作

① 输入放样点点号，输入放样点的坐标和高程，并显示放样点与测站点的方向和距离。

② 将水平度盘旋转到放样点方向，并锁定水平度盘，使用望远镜粗瞄，指导司尺员到达预定放样点方向上，通知司尺员面对仪器方向向左/向右移动棱镜杆。

③ 指导司尺员调整棱镜，使棱镜在望远镜视线以内，最终到达全战仪望远镜十字丝附近，然后测量距离，全战仪显示当前棱镜位置的前后偏距，并通知司尺员相对仪器延长/缩短的距离。

④ 接近放样点设计坐标位置处时，望远镜瞄准棱镜杆根部，指导司尺员调整方向，使得棱镜杆根部位于望远镜竖丝方向上，然后拨动竖直方向瞄准棱镜，再次测量距离，再次通知司尺员相对仪器延长/缩短的距离，直至最终放样点的方向和距离的偏距都满足放样精度要求（在以上放样过程中，水平度盘始终锁定在放样点的方向上，测量员须指导司尺员来调整棱镜位置到达指定的方向）。

⑤ 确认并通知司尺员钉桩，在桩位处再次立好棱镜后，询问棱镜高，测站修改棱镜高后，进行测量并记录实际放样点的坐标和高程。

3.2.6 实训数据

根据放样数据，在实地中放样长方形具体位置，采用点坐标放样的基本方法。

如图 2-9 所示长方形，后视点坐标为 (30，10)，A 点坐标 (30，30)，B 点坐标 (30，60)，C 点坐标 (65，60)，D 点坐标 (65，30)。根据上述点坐标在实地中放样出长方形的位置。填写表 2-6。

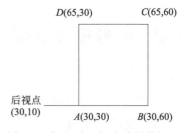

图 2-9 长方形坐标法放样数据图

表 2-6 放样数据检测表

点名称	坐标设计值	坐标实测值	放样误差	备注
A				
B				
C				
D				

根据上述计算的放样数据，进行长方形点坐标的放样，并写出放样步骤。

3.3 学习效果评价反馈

学习效果评价反馈表见表 2-7。

项目2 施工放样的基本方法

表 2-7 学习效果评价反馈表

班级：　　　　　　　学号：　　　　　　姓名：　　　　　　　组别：

任务名称		已知点的坐标放样			
问题	教师评价				
	极不满意	不满意	一般	满意	非常满意
	1	2	3	4	5
1. 能准确运用所学知识完成该任务					
2. 能够积极主动查阅资料完成任务					
学生自评总分		教师评价总分			

学生对该教学方法的意见：

对完成任务的意见：

注：如对项目设置、教师在引导项目完成过程中的表现及完成项目有好的建议，请填写"对完成任务的意见"。

项目3

公路路线及路基路面测量与放样

学习要点

路线桩位测量放样和计算；路线桩位高程测量放样和计算；路基施工放样；路面施工放样。

核心技能

能够使用全站仪进行中桩、边桩坐标测量放样；能够使用水准仪进行施工高程放样；能够放样路基宽度、坡脚及堑顶位置。

任务 1　路线桩位施工放样和计算

学习目标

1. 学会用导线控制点恢复中线；
2. 使用全站仪运用坐标法进行公路中桩放样；
3. 掌握坐标法放样路中桩的过程。

项目3 公路路线及路基路面测量与放样

任务描述

通过多媒体资源和教师讲解，使学生能够进行路线桩位的施工测量和计算。

学习引导

本学习任务沿着以下路线进行学习。

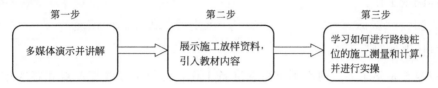

1.1 任务支撑知识

1.1.1 概述

路线中线施工放样就是利用测量仪器和设备，按设计图纸中的各项元素（如公路平、纵、横元素）和控制点坐标（或路线控制桩），将公路的"中心线"准确无误地放到实地，指导施工作业，习惯上称为"中线放样"。

路线中线施工放样是保证施工质量的一个重要环节。这是一项严肃认真、精确细致的工作，稍有不慎，就有可能发生错误。一旦发生错误而又未能及时发现，就会影响下步工作，影响工作进度，甚至造成损失。因此，要严格按照有关规范、规程的要求，对测量数据认真复核检查，不合格的成果一定要返工重测，要一丝不苟，树立质量重于泰山的意识。为确保施工测量质量，在施工前必须对导线控制点和路线控制桩进行复测，施工过程中要定期检查。放样时应尽量使用精良的测量设备，采用先进的测设方法。

路线中线施工放样又称为恢复中线。一般有两种方法：①用沿线导线控制点放样；②用路线控制桩（交点、直圆、圆直等点）放样。

用导线控制点放样中线，放样精度能得到充分的保证。在测量技术飞速发展的今天，测距仪的使用越来越普遍。现在，几乎所有的施工单位都有测距仪或全站仪，因而这种方法得到了广泛的应用，成为恢复中线的主要手段。《公路路基施工技术规范》规定，对高速公路、一级公路，应用坐标法恢复路线主要控制桩。实际应用中，二级以上的公路勘察设计，均沿路线建有导线控制点，作为首级控制，故可采用导线控制点放样中线。

用路线控制桩来恢复中线有两种情况：一种是公路两旁没有布设导线控制点，公路中线都是用交点桩号、曲线元素（转角、半径、缓和曲线长）标定，施工单位只有根据路线控制桩来恢复中线，这种情况在修建低等级公路时是常见的；另一种就是由于施工单位没有测距仪，无法利用控制点，也只好利用路线控制桩恢复中线，这种方法常用于低等级公路。

1.1.1.1 施工放样测量的精度

施工放样测量的精度取决于公路等级和设计要求以及施工控制测量的精度。测量时应从工程的设计和施工的精度需要出发，确定与之相匹配的测量技术相应的精度等级，确定满足精度要求的测量方案，使放样测量的结果满足施工的需要。具体内容参考《测量学》。

1.1.1.2 施工放样测量的基本要求

（1）熟悉设计图纸和施工现场 设计图纸主要有路线平面图，纵、横断面图，桥涵、构造物图及附属工程图等。要求熟悉设计图纸，充分领会设计图纸的设计思路和意图。核对图纸主要尺寸、位置、标高有无错误。在明了设计意图及在满足测量精度要求的范围内，应勘察施工现场，找出各交点桩、转点桩、里程桩和水准点的位置，并应实测校核，为施工测量做好充分准备。了解工程施工组织计划，协调测量与施工进度的关系，合理安排施工放样测量工作。

（2）加强测量标志的管理与保护，注意受损测量标志的恢复

1.1.2 控制点复测

控制点复测是施工测量前必不可少的准备工作，它包括导线控制点和路线控制桩的复测。路线勘测设计完成以后，往往要经过一段时间才能施工。在这段时间内，导线控制点或路线控制桩是否移位？精度如何？需对其进行复测。另外，由于人为或其他原因，导线控制点或路线控制桩丢失、遭到破坏，要对其进行补测；有的导线点在路基范围以内，需将其移至路基范围以外。只有当这一切都完成无误，方能进行施工放样工作。

1.1.2.1 导线控制点的复测、补测和移位

用导线控制点恢复公路中线，适用于高等级公路。实际应用中，二级以上的公路，均沿路线建有导线控制点，故可采用控制点放样，即用坐标法恢复公路中线。在恢复中线之前，首先要对导线控制点进行复测、补测和移位，以保证控制点的精度。

（1）导线控制点的复测 导线控制点的复测主要是检查它的坐标和高程是否正确。检测方法如图 3-1 所示。

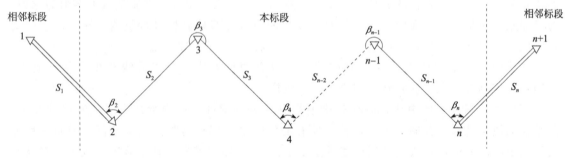

图 3-1 导线控制点的检测方法

第一步：根据导线点 $1\sim n$ 的坐标反算转角（左角）$\beta_2\sim\beta_{n-1}$ 和导线边长 $S_1\sim S_{n-1}$。

$$\alpha_{i+1,\,i} = \arctan\frac{Y_i - Y_{i+1}}{X_i - X_{i+1}} \tag{3-1}$$

$$\alpha_{i+1,\,i+2} = \arctan\frac{Y_{i+2} - Y_{i+1}}{X_{i+2} - X_{i+1}} \tag{3-2}$$

$$\beta_{i+1} = \alpha_{i+1,\,i+2} - \alpha_{i+1,\,i} \tag{3-3}$$

$$S_i = \sqrt{(X_{i+1} - X_i)^2 - (Y_{i+1} - Y_i)^2} \tag{3-4}$$

第二步：实地观测各左角 β'_{i+1} 及导线边长 S'_i。角度观测可取一个测回平均值，边长测量可取连续测量 3～4 次的平均值。当观测值和计算值满足下式：

$$|\beta_{i+1} - \beta'_{i+1}| \leqslant 2m_\beta = 16'' \tag{3-5}$$

$$\left|\frac{S_i - S_i'}{S_i}\right| \leq \frac{1}{15000} \tag{3-6}$$

时，则认为点的平面坐标和位置是正确的。

另外，还要对导线进行检查，检查时可将图 3-1 中的 1、2 和 n、$n+1$ 点作为已知点，$\alpha_{1,2}$ 和 $\alpha_{n,n+1}$ 作为已知坐标方位角，按二级导线的方位角闭合差和导线全长闭合差的精度要求进行控制。具体详见《测量学》中导线测量的有关知识。

第三步：水准点高程的检查。

在使用水准点之前应仔细校核，并与国家水准点闭合。水准点高程的检查和水准测量的方法一样。高速公路和一级公路的水准点闭合差按四等水准（$20\sqrt{L}$）控制，二级以下公路水准点闭合差按五等水准（$30\sqrt{L}$）控制。大桥附近的水准点闭合差应按《公路桥涵施工技术规范》（JTG/T F50—2011）的规定控制。如满足精度要求，则认为点的高程是正确的。

一般情况下，公路两旁布设导线点，其坐标和高程均在同一点上。因此，在复测坐标同时可利用三角高程测量的方法检测高程。

水准点间距不宜大于 1km。在人工构造物附近、高填深挖地段、工程量集中及地形复杂地段宜增设临时水准点。临时水准点必须符合精度要求，并与相邻路段水准点闭合。

值得注意的是，有的施工单位在复测导线点时，只检查本标段的点，而忽视了对前后相邻标段点的检查，这样就有可能在标段衔接处出现路中线错位或断高现象。在实际工作中，应引起重视，防止这种问题发生。复测导线时，必须和相邻标段的导线闭合。

(2) 导线控制点的补测与移位 由于人为或其他的原因，导线控制点可能丢失或遭到破坏。如果间断性的丢失，则可利用前方交会、支点等方法补测该点，或采用任意测站方法补测导线点。补测的导线点原则上应在原导线点附近；如果连续丢失数点，则要用导线测量的方法补测。若将路基范围内的导线点移至路基范围以外，可根据移点的多少分别采用交会法或导线测量的方法，并用"骑马桩"加以保护。导线点的高程用水准测量或三角高程测量测定（前方交会、支点、任意测站等方法请参阅有关测量教材）。

应特别强调的是，在补点时应尽量将点位选在路线的一侧、地势较高处，以避免路基填土达到一定高度时影响导线点之间的通视。

施工期间应定期（一般半年）对导线控制点（特别是水准点）进行复测。季节冻融地区，在冻融以后也要进行复测。发现导线控制点丢失后应及时补上，并做好对导线控制点（特别是原始点）的保护工作。

1.1.2.2 路线控制桩的恢复与固定

对于低等级公路或沿线没有布设导线控制点的公路，只能采用路线控制桩来恢复公路中线（路线控制桩主要是交点桩、转点桩和路线的起讫桩）。因此，首先要对路线控制桩进行恢复与固定。

(1) 路线控制桩的恢复与复测 当原勘测设计时所钉的交点桩或转点桩基本完好，只有个别点丢失时，恢复中线的测量工作就比较简单，可用角度交会法，将丢失或破坏的路线控制桩恢复出来，并检测精度，其方法在前面已经介绍过，在此不再赘述。

当原勘测设计时所钉的交点桩或转点桩大部分丢失，路线要恢复到原来的位置是比较困难的，一般只能恢复到与原来位置比较接近。恢复时，根据原勘测设计的直线、曲线转角一览表，用放样已知水平角和已知长度直线的方法，放出丢失的交点桩。此法在前面也已介绍过，在此不再赘述。

路线控制桩的复测主要是检查其平面位置是否正确。一般有两种情况，一是路线控制桩本来就是由导线控制点（如果沿线建有导线控制点）坐标放样的，检查的方法可根据放样的原始资料，按导线控制点复测的方法进行，检测精度控制按式（3-5）和式（3-6）处理；二是路线两旁没有布设导线点，或者施工单位没有测距仪，这种情况下，路线控制桩的复测在直线路段用普通钢尺量距来复测路线控制桩是否正确，曲线路段可按常规的偏角法来复测桩位。

（2）路线控制桩的固定 在施工过程中，随着路基施工高度的不断变化，有些交点桩或转点桩会被掩埋或挖掉，因此，需要对其进行固定，以便在施工时能随时利用它们来恢复或检查公路中线。固定后，做好记录、绘制草图，以供随时恢复查找。固定方法如下：

① 交点桩的固定。如图 3-2 所示，JD_1 在实地上的位置测定以后，需要加以固定。在 JD_1 的前后两条导线的延长线上，分别设置 A_1、A_2 和 B_1、B_2 四个栓桩，将全站仪置于 JD_1 上，测定这四个栓桩相互之间的距离 L_1、L_2、L_3、L_4。在施工时若 JD_1 的位置移动或丢失，可用全站仪利用这四个栓桩进行恢复。上述四个栓桩应设置在路基施工范围以外易保存的地方。

② 转点桩的固定。如图 3-3 所示，ZD_1、ZD_2、ZD_3 为已经在实地上标定的或恢复出来的路线转点，为避免破坏应加以固定，可采用两种方法：第一种，固定 ZD_1 时，在 ZD_1 上安置全站仪后视 ZD_2，归零，向路线左侧拨 90°角设置栓桩 A_1、A_2，同时测定它们之间的距离 L_1、L_2；同理，向路线右侧拨 90°角设置栓桩 A_3、A_4，同时测定它们之间的距离 L_3、L_4。在施工时若 ZD_1 的位置移动或丢失，可用全站仪利用这四个栓桩进行恢复。第二种，固定 ZD_2 时，如果在转点 ZD_2 的右侧不便设置栓桩，可在左侧设置两个栓桩，如图 3-3 所示的 A、B，测出 L_1、L_2 和 α_1、α_2，恢复时，将全站仪安置在 A 点后视 B 点，拨角 α_1，量距 L_1 的放样点 ZD_2；再将全站仪安置在 B 点后视 A 点，用同样的方法进行校核。

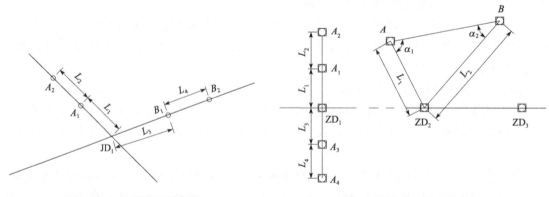

图 3-2 交点桩固定示意图　　　　图 3-3 转点桩固定示意图

1.1.3 用导线控制点恢复中线

用导线控制点恢复中线，实质上就是根据导线点坐标与公路中线坐标之间的关系，借以高精度的测距手段,将公路中线放到实地。因此,也可称为"坐标法"。在公路勘测设计时,根据公路等级的不同,设计文件提供的设计资料也是不一样的。对于高等级公路如高速公路、一级公路和部分二级公路,设计文件中包括公路中线逐桩坐标表,可用坐标法恢复路线中桩。

如图 3-4 所示,P 为公路中线点,坐标为 (X_P, Y_P);A、B 为公路中线附近的导线点,坐标分别为 (X_A, Y_A)、(X_B, Y_B),P 点与 A 点的极坐标关系用 A 点到 P 点的距离 S_{AP}、坐标方位角 α_{AP} 表示,即:

$$S_{AP} = \sqrt{(X_P - X_A)^2 + (Y_P - Y_A)^2} \quad (3-7)$$

$$\alpha_{AP} = \tan^{-1}\frac{Y_P - Y_A}{X_P - X_A} \quad (3-8)$$

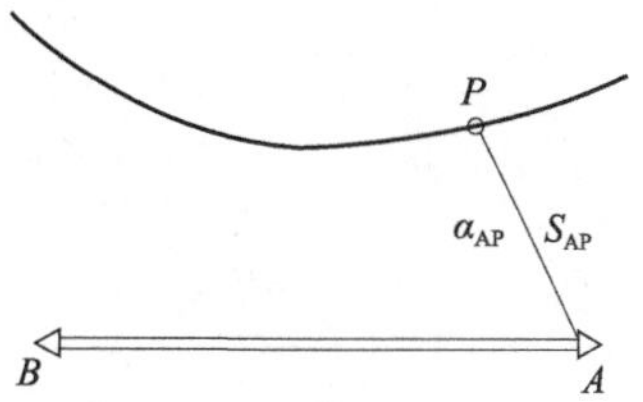

图 3-4 导线控制点恢复公路中线示意图

以上两式就是两点间距离和坐标方位角的计算公式。式中,导线点 A 的坐标通过控制测量求得,P 点的坐标可由放线人员自己计算(或查设计文件中的逐桩坐标表),可分以下几种情况。

1.1.3.1 P_i 点在直线段上

如图 3-5 所示,JD_n 的坐标为 (X_n, Y_n),$JD_n \sim JD_{n+1}$ 的坐标方位角为 $\alpha_{n,n+1}$,P 点在 JD_n 与 JD_{n+1} 的直线段上,则 P 点的坐标 (X, Y) 按下式求得:

$$X = X_n + [T_n + (L_i - L)]\cos\alpha_{n,n+1} \quad (3-9)$$

$$Y = Y_n + [T_n + (L_i - L)]\sin\alpha_{n,n+1} \quad (3-10)$$

式中 L_i、L——P 点和 YZ(或 HZ)点的里程桩号;

　　　T_n——切线长。

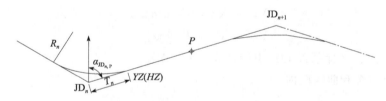

图 3-5 直线段中桩坐标计算示意图

1.1.3.2 P 点在平曲线段上

单圆曲线中桩坐标的计算比较简单,而带有缓和曲线的平曲线其坐标计算则比较麻烦,现举例如下:

P 点在带有缓和曲线的平曲线段上,已知 JD_{n-1}、JD_n、JD_{n+1} 的坐标分别为 (X_{n-1}, Y_{n-1})、(X_n, Y_n)、(X_{n+1}, Y_{n+1}),$JD_{n-1} \sim JD_n$、$JD_n \sim JD_{n+1}$ 的坐标方位角分别为 $\alpha_{n-1,n}$、$\alpha_{n,n+1}$。参见图 3-6。

(1)坐标方位角的计算

$$\alpha_{n-1,n} = \arctan\frac{Y_n - Y_{n-1}}{X_n - X_{n-1}} \quad (3-11)$$

$$\alpha_{n,n+1} = \arctan\frac{Y_{n+1} - Y_n}{X_{n+1} - X_n} \quad (3-12)$$

则转角:$\alpha = \alpha_{n,n+1} - \alpha_{n-1,n}$,负为左转,正为右转。 $\quad (3-13)$

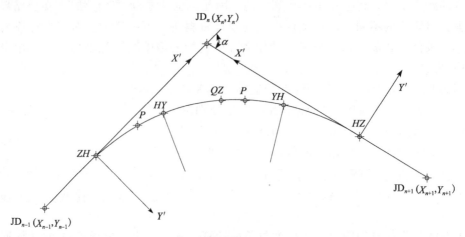

图 3-6　曲线段中桩坐标示意图

（2）**中桩坐标的计算**　先根据交点的坐标、切线的坐标方位角与切线长，采用导线坐标的计算方法，计算主点 ZH、HZ 的坐标，然后以 ZH 或 HZ 为坐标原点，以向 JD_n 的切线为 X' 轴，过原点的法线为 Y' 轴，建立 $X'OY'$ 局部坐标系，计算 P 点在局部坐标系中的坐标（X'，Y'），再利用坐标平移和旋转的方法将此坐标转化为路线坐标系中的坐标（X，Y）。

① 主点坐标的计算。

$$X_{ZH}=X_n+T_h\cos(\alpha_{n-1,\,n}+180°) \tag{3-14}$$

$$Y_{ZH}=Y_n+T_h\sin(\alpha_{n-1,\,n}+180°) \tag{3-15}$$

$$X_{HZ}=X_n+T_h\cos\alpha_{n,\,n+1} \tag{3-16}$$

$$Y_{HZ}=X_n+T_h\sin\alpha_{n,\,n+1} \tag{3-17}$$

② 计算 P 点在坐标系 $X'OY'$ 中的坐标（X'，Y'）。

a. 当 P 点在缓和曲线段内：

$$X'=L_i-\frac{L_i^5}{40R^2L_s^2} \tag{3-18}$$

$$Y'=\frac{L_i^3}{6RL_s} \tag{3-19}$$

式中　L_i——P 点桩号与 ZY 或 YZ 点桩号之差；
　　　R——圆曲线半径；
　　　L_s——缓和曲线长度。

b. 当 P 点在圆曲线段内：

$$X'=R\sin\frac{\left(L_i-\dfrac{L_s}{2}\right)\times\dfrac{180°}{\pi}}{R}+q \tag{3-20}$$

$$Y'=R\left(1-\cos\frac{\left(L_i-\dfrac{L_s}{2}\right)\times\dfrac{180°}{\pi}}{R}\right)+p \tag{3-21}$$

式中 p——内移值；

q——切线增长值；其余符号同前。

③ 坐标转换。

a. 前半个曲线：

$$X = X_{ZH} + X'\cos\alpha_{n-1,n} - Y'\sin\alpha_{n-1,n} \tag{3-22}$$

$$Y = Y_{ZH} + X'\sin\alpha_{n-1,n} - Y'\cos\alpha_{n-1,n} \tag{3-23}$$

b. 后半个曲线：

$$X = X_{HZ} + X'\cos(\alpha_{n,n+1} + 180°) - Y'\sin(\alpha_{n,n+1} + 180°) \tag{3-24}$$

$$Y = Y_{HZ} + X'\sin(\alpha_{n,n+1} + 180°) + Y'\cos(\alpha_{n,n+1} + 180°) \tag{3-25}$$

式中，X' 的符号始终为正值，Y' 的符号有正有负，当起点为 ZH 点，曲线为左偏时，Y' 取负值；当起点为 HZ 点，曲线为右偏时，Y' 取负值。反之取正值。

1.1.3.3 P 点的放样

根据求得的 P 点坐标，代入式（3-7）、式（3-8）中，计算出 P 点与导线点 A 的距离 S_{AP} 和坐标方位角 α_{AP}，并按以下步骤进行放样：

① 在控制点 A 架设全站仪或经纬仪，对中、整平（参见图 3-4）；

② 将导线点坐标、路线有关数据输入计算机，运行计算机程序；

③ 后视已知导线点 B，配置水平度盘读数至后视导线点坐标方位角 α_{AB}；

④ 根据待放点 P 的桩号 L_i，计算机自动判断并计算该点的放样资料 S_{AP}、α_{AP}；

⑤ 转动照准部，拨方位角 α_{AP}、量距离 S_{AP}，精确定出待放点 P；

⑥ 检查该点 P 的桩号、方位角、距离是否正确。

重复第④~⑥步，放样其他路线中桩。

1.2 任务技能训练

1.2.1 目的

（1）学会用导线控制点恢复中线。

（2）学会路线偏角法详细测设圆曲线中线。

（3）能够使用全站仪运用坐标法进行公路中桩放样。

（4）掌握坐标法放样路中桩的过程。

1.2.2 仪器与工具

由仪器室借领：全站仪 1 台、皮尺 1 把、斧子 1 把、棱镜 1 个、花杆 2 根、测钎 1 束、记录板 1 块、红油漆、测伞 1 把、工具包 1 个、记录表格 2 张。

1.2.3 步骤与方法

按照《公路工程施工测量实训手册》的实训任务 6 和实训任务 7 的操作要求步骤进行训练。

1.2.4 实训报告

（1）根据《公路工程施工测量实训手册》的实训任务 6 计算的放样数据，用极坐标偏角法进行圆曲线的放样，并写出放样步骤；

（2）根据《公路工程施工测量实训手册》的实训任务 7 的放样数据填写表 3-1。

公路工程施工测量

表 3-1 ×××工程项目×××公路工程

承包单位：　　　　　　　　　　　施工标段：
监理单位：　　　　　　　　　　　编　　号：

路线中桩施工放样测量记录表											
工程名称	路基		工程部位		×××~×××段路线中桩			备注			示意图
桩号	设计坐标		实测坐标		差值		高程/m			偏移值（左，右）/cm	
	X/m	Y/m	X/m	Y/m	ΔX/mm	ΔY/mm	设计	实测	差值		
测站点：	X/m：			Y/m：				H/m：			
后视点：	X/m：			Y/m：				H/m：			
核减点：	X/m：			Y/m：				H/m：			
监理意见：											

测量：　　　　　　　　　复核：　　　　　　　　　监理：

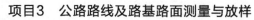
项目3 公路路线及路基路面测量与放样

放样草图	主要操作步骤

实训总结	

	任务得分	

1.3 学习效果评价反馈

学习效果评价反馈表见表 3-2。

表 3-2 学习效果评价反馈表

班级：　　　　　学号：　　　　　姓名：　　　　　组别：

任务名称	路线桩位施工放样和计算				
问题	教师评价				
	极不满意	不满意	一般	满意	非常满意
	1	2	3	4	5
1. 能准确运用所学知识完成该任务					
2. 能够积极主动查阅资料完成任务、语言表述清晰					
学生自评总分	教师评价总分				

学生对该教学方法的意见：

对完成任务的意见：

注：如对项目设置、教师在引导项目完成过程中的表现及完成项目有好的建议，请填写"对完成任务的意见"。

任务 2　路线桩位纵断面高程放样和计算

学习目标

1. 学会用纵断面设计资料计算中桩高程；
2. 学会使用水准仪进行中桩高程放样；
3. 掌握中桩高程放样的过程。

任务描述

通过多媒体资源和教师讲解，使学生能够进行路线桩位纵断面高程放样和计算。

学习引导

本学习任务沿着以下路线进行学习。

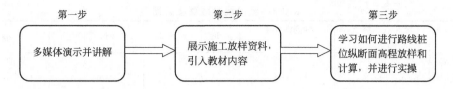

2.1 任务支撑知识

纵断面施工放样时,如果待放点在直坡段其放样较为简单,下面主要介绍竖曲线的放样。竖曲线放样时,可以在路基设计表或纵断面图上直接查得中桩设计高程。但有时根据实际,放线人员需要自己计算时,可根据纵断面图上的设计资料,按如下方法进行(如图3-7所示):

$$T = \frac{1}{2}R(i_1 - i_2) \tag{3-26}$$

$$L = R(i_1 - i_2) \tag{3-27}$$

$$E = \frac{T^2}{2R} \tag{3-28}$$

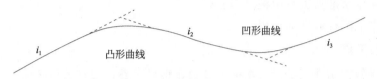

图 3-7 竖曲线放样示意图

当中桩位于竖曲线范围内时,应对其坡道高程进行修正。竖曲线的标高改正值计算公式为:

$$Y_i = \frac{X_i^2}{2R} \tag{3-29}$$

上式中 Y_i 的值在竖曲线中为正号,在凹曲线中为负号。计算时,只需把已算出的各点的坡道高程加上(对于凹曲线)或减去(对于凸曲线)相应点的标高改正值即可。

【例 3-1】 设 $i_1 = -1.114\%$,$i_2 = +0.154\%$,为凹曲线,变坡点的桩号为 K1+670,高程为 48.60m,欲设置 $R = 5000$m 的竖曲线,求各测设元素、起点、终点的桩号和高程、曲线上每隔 10m 间距里程桩的标高改正数和设计高程。

按式(3-26)~式(3-28)求得:

$$T = \frac{1}{2}R(i_1 - i_2) = \frac{1}{2} \times 5000 \times (-1.114\% - 0.154\%) = -31.70(\text{m})$$

$$L = R(i_1 - i_2) = 5000 \times (-1.114\% - 0.154\%) = -63.40(\text{m})$$

$$E = \frac{T^2}{2R} = \frac{31.70^2}{2 \times 5000} = 0.10(\text{m})$$

竖曲线起点、终点的桩号和高程为:

起点桩号 = K1 + (670 − 31.70) = K1 + 638.30

终点桩号 = K1 + (638.30 + 63.40) = K1 + 701.70

起点坡道高程 = 48.60 + 31.70 × 1.114% = 48.95(m)

终点坡道高程 = 48.60 + 31.70 × 0.154% = 48.65(m)

然后根据 $R = 5000$m 和相应的桩距 X_i,即可求得竖曲线上各桩的标高改正数 Y_i,计算结果列于表3-3。

表 3-3　竖曲线中桩高程数据

桩号	至起点、终点距离 X_i/m	标高改正数 Y_i/m	坡道高程/m	竖曲线高程/m	备注
K1+638.30			48.95	48.95	竖曲线起点
K1+650	$X_i=11.70$	$Y_i=0.01$	48.82	48.83	$i_1=-1.114\%$
K1+660	$X_i=21.70$	$Y_i=0.05$	48.71	48.76	
K1+670	$X_i=31.70$	$Y_i=0.10$	48.60	48.70	变坡点
K1+680	$X_i=21.70$	$Y_i=0.05$	48.62	48.67	$i_2=+0.154\%$
K1+690	$X_i=11.70$	$Y_i=0.01$	48.63	48.64	
K1+701.70			48.65	48.65	竖曲线终点

根据表格内容，将上述数据放样至实地。

2.2 任务技能训练

2.2.1 目的

（1）学会用纵断面设计资料计算中桩高程。
（2）学会使用水准仪进行中桩高程放样。
（3）掌握中桩高程放样的过程。

2.2.2 仪器与工具

由仪器室借领：水准仪1台、水准尺2根、钢尺1卷、记录表格2张。

2.2.3 步骤与方法

按照《公路工程施工测量实训手册》实训任务8操作要求步骤进行操作。

2.2.4 实训报告

实训报告见表3-4。

表 3-4　×××工程项目×××公路工程

路线中桩施工放样测量记录表					
工程名称	路基工程部位×××～×××段路线中桩				备注
桩号	原地面高程/m	高差/m	设计高程/m	设计高程实测值/m	差值/m	
K0+000						
K0+010						
K0+020						
K0+030						
K0+040						
K0+050						
K0+060						
K0+070						
K0+080						
K0+090						
K0+100						
K0+110						
K0+120						
K0+130						
K0+140						

项目3　公路路线及路基路面测量与放样

放样草图	主要操作步骤

实训总结	

	任务得分	

2.3 学习效果评价反馈

学习效果评价反馈表见表 3-5。

表 3-5 学习效果评价反馈表

班级：　　　　　　学号：　　　　　　姓名：　　　　　　组别：

任务名称	路线桩位纵断面高程放样和计算				
问题	教师评价				
	极不满意	不满意	一般	满意	非常满意
	1	2	3	4	5
1. 能准确运用所学知识完成该任务					
2. 能够积极主动查阅资料完成任务、语言表述清晰					
学生自评总分	教师评价总分				

学生对该教学方法的意见：

对完成任务的意见：

注：如对项目设置、教师在引导项目完成过程中的表现及完成项目有好的建议，请填写"对完成任务的意见"。

任务 3　路基施工放样

学习目标

1. 学会路基边坡边桩的放样；
2. 能够使用全站仪进行路基边桩的放样；
3. 掌握路基边桩、边坡的放样过程。

任务描述

通过多媒体资源和教师讲解，使学生能够使用全站仪进行路基边坡、边桩的放样和计算。

学习引导

本学习任务沿着以下路线进行学习。

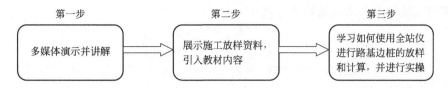

3.1 任务支撑知识

3.1.1 路基的基本参数

在公路中线施工控制桩恢复完成后，即可进行路基施工。路基施工前，应先在地面上把路基的轮廓表示出来，即把路堤坡脚点（或路堑坡顶点）找出来，钉上边桩，同时还应把边坡的坡度表示出来，为路堤填筑和路堑开挖提供施工依据。在进行路基路面施工放样以前，应首先了解路基路面设计的基本参数，以便在进行放样测量时计算放样数据。路基路面的设计计算参数主要包括路基宽度、路面宽度、排水沟宽度（梯形排水沟的边坡坡度）、填挖高度、路堤和路堑的边坡坡度、路基的超高和加宽等基本参数。

（1）**路基宽度** 公路路基宽度是指行车道与路肩宽度之和。当设有中间带、变速车道、爬坡车道、应急停车带时，还包括这些设施的宽度，如图 3-8 所示。

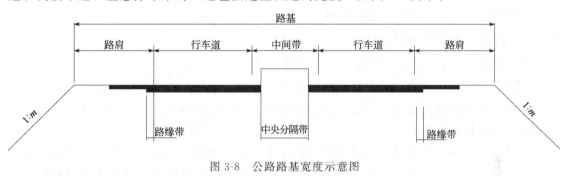

图 3-8 公路路基宽度示意图

（2）**边坡坡度** 路基边坡坡度通常以 $1:m$ 的形式表示，即 $i=h/d=1/m$，式中，m 为边坡系数；h 为边坡的高度；d 为边坡的宽度。

（3）**超高** 根据路基路面的设计要求，在公路直线段路基边缘点处于同一高度，路面横断面由路中心向两侧略向下倾斜形成双向横坡。但是在曲线路段为保证汽车行驶安全，在公路曲线半径小于各级公路的不设超高最小半径时，均应设置超高。圆曲线段路面的设计超高值是常数，路面倾斜形成单向横坡；缓和曲线段路面的超高值随着缓和曲线上的长度的不同而变化，路面横坡倾斜由直线段的双向横坡向圆曲线的单向横坡逐步过渡。超高值可从设计文件中查取。

（4）**加宽** 当圆曲线半径小于或等于 250m 时，在圆曲线段应按规定设置加宽，同时在曲线两端设置加宽缓和段。曲线上的加宽值可从设计文件中查取。

若圆曲线的加宽值为 B_j，加宽缓和段内任一中桩的加宽值，可按式（3-30）计算：

① 当加宽缓和段为直线过渡时，

$$B_{jx} = \frac{X}{L_c} B_j \tag{3-30}$$

② 当加宽缓和段为高次抛物线过渡时，

$$B_{jx} = \left[4\left(\frac{X}{L_c}\right)^3 - 3\left(\frac{X}{L_c}\right)^4\right] \qquad (3-31)$$

式中　B_{jx}——加宽缓和段内任意中桩的加宽值；

　　　X——对应于 B_{jx} 的中桩到加宽缓和段起点的长度；

　　　L_c——加宽缓和段（或缓和曲线段）的长度。

3.1.2　路基边桩放样的一般要求

公路路基的边桩包括路堤的填挖边界点和路堑的开挖边界点。除此之外，在路基土石方施工以前还应把公路红线界桩和公路工程界桩在地面上标定。

路基边界点是指路堤（或路堑）边坡与自然地面的交点。

公路红线界桩是指为保证公路工程的正常使用和行车安全，根据公路勘测设计规范所确定的公路占用土地的分界用地界桩。公路用地在土地管理中属于公用地籍，界桩的设立将标明公路用地的边界范围，界桩之间连成的线称为红线。公路红线界桩确定了公路用地的范围、归属和用途，具有保护公路用地不受侵犯的法律效力。

公路工程界桩是根据公路设计的要求，表明路基、涵洞、挡土墙等边界点位实际位置的桩位，如公路的路基界桩、绿化带界桩等。公路工程界桩有时可能在公路用地的边界上，这种公路工程界桩兼有红线界桩的性质。

3.1.3　路基横断面的放样方法

路基横断面的放样主要是路基边桩和边坡的放样。

（1）**路基边桩放样**　路基边桩放样就是在地面上将每一个横断面的路基边坡线与地面的交点，用木桩标定出来。边桩的位置由横断面方向、两侧边桩至中桩的距离来确定。常用的边桩放样方法如下：

① 图解法。路基横断面图为路基施工的主要依据，可根据已戴好"帽子"的横断面图放样边桩。就是直接在横断面图上量取中桩至边桩的距离，然后在实地用皮尺沿横断面方向将边桩丈量并标定出来。每个横断面都放出边桩后，再分别将路中线两侧的路基坡脚桩或路堑坡顶桩用灰线连接起来，即为路基填挖边界。在填挖方量不大时，使用此法较多。此法一般适用于较低等级的公路路基边桩放样。

② 解析法。就是根据路基填挖高度、边坡率、路基宽度和横断面地形情况，先计算出路基中心桩至边桩的距离；然后在实地沿横断面方向按距离将边桩放出来。一般情况下，当施工现场没有横断面设计图，只有施工填挖高度时，可用解析法放样路基边桩。解析法放样路基边桩的精度比图解法高，主要用于一般公路平坦地形或地面横坡均匀一致地段的路基边桩放样。具体方法按下述两种情况进行：

a. 平坦地段的边桩放样。

图3-9为填方路基，坡脚桩至中桩的距离 D 应为：

$$D = \frac{B}{2} + mH \qquad (3-32)$$

图3-10为挖方路堑，坡顶桩至中桩的距离 D 应为：

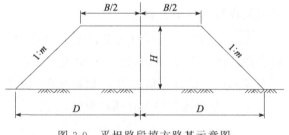

图3-9　平坦路段填方路基示意图

$$D = \frac{B}{2} + S + mH \tag{3-33}$$

式中，B 为路基宽度；m 为边坡系数；H 为填挖高；S 为路堑边沟顶宽。

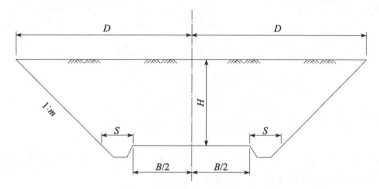

图 3-10　平坦路段挖方路基示意图

以上是路基横断面位于直线段时求 D 值的方法。若横断面位于弯道上有加宽时，按上述方法求出 D 值后，还应在加宽一侧的 D 值中加上加宽值。

b. 倾斜地段的边桩放样。

在倾斜地段，计算时要考虑横坡的影响。如图 3-11 所示，路堤坡脚桩至中桩的距离 $D_上$、$D_下$ 分别为：

$$D_上 = \frac{B}{2} + m(H - h_上) \tag{3-34}$$

$$D_下 = \frac{B}{2} + m(H + h_下) \tag{3-35}$$

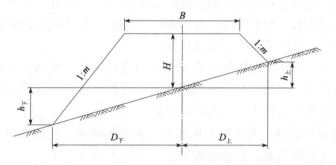

图 3-11　斜坡路段填方路基示意图

如图 3-12 所示，路堑坡顶桩至中桩的距离 $D_上$、$D_下$ 分别为：

$$D_上 = \frac{B}{2} + S + m(H + h_上) \tag{3-36}$$

$$D_下 = \frac{B}{2} + S + m(H - h_下) \tag{3-37}$$

式中，$h_上$、$h_下$ 分别为上、下两侧路基坡脚（或坡顶）至中桩的高差。其中 B、S 和 m 均为已知。$D_上$、$D_下$ 随 $h_上$、$h_下$ 变化而变化。由于边桩未定，所以 $h_上$、$h_下$ 均为未知数，因此还不能计算出路基边桩至中桩的距离。由于地面横坡均匀一致，放样时先测出地面横坡度为 $1:n$，n 为原地面横坡率。

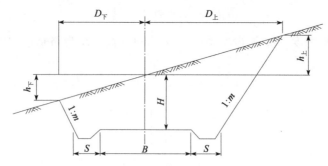

图 3-12 斜坡路段挖方路基示意图

又因为 $D_上=h_上 n$，$D_下=h_下 n$，代入式（3-34）～式（3-37），简化整理得：

路堤坡脚桩至中桩的距离 $D_上$、$D_下$ 分别为：

$$D_上 = \left(\frac{B}{2} + mH\right)\frac{n}{n+m} \quad (3\text{-}38)$$

$$D_下 = \left(\frac{B}{2} + mH\right)\frac{n}{n-m} \quad (3\text{-}39)$$

路堑坡顶桩至中桩的距离 $D_上$、$D_下$ 分别为：

$$D_上 = \left(\frac{B}{2} + S + mH\right)\frac{n}{n+m} \quad (3\text{-}40)$$

$$D_下 = \left(\frac{B}{2} + S + mH\right)\frac{n}{n-m} \quad (3\text{-}41)$$

③ 渐进法。渐进法的原理是，在分段丈量水平距离的同时，用水准仪或全站仪测出该段地面两点的高差，最后累计得出边桩点与中桩点的高差，即可用式（3-34）～式（3-37）验证其水平距离是否正确，如有不符，就逐渐移动边桩，直至位置正确为止。该法精度高，既可用于高等级公路，又可用于中、低级公路。

实际工作中，采用试探法放边桩，在现场边测边标定，一般试探一两次即可。如果结合图解法，则更为简便。当然，对于倾斜地面上的边桩也可采用极坐标法放样，即先计算出两侧边桩的坐标，再用坐标法确定边桩的位置。

（2）路基边坡的放样　在放样出边桩后，为了保证填、挖的边坡达到设计要求，还应把设计边坡在实地标定出来，以方便施工。

① 用竹杆、绳索放样边坡。

② 用边坡样板放样边坡。施工前按照设计边坡坡度做好边坡样板，施工时，按照边坡样板进行放样。

（3）机械化施工路基横断面的控制

① 路堤边坡与填高的控制方法。

a. 机械填土时，应按铺土厚度及边坡坡度，保持每层间正确的向内收缩的距离一定。不可按自然的堆土坡度往上填土，这样会造成超填而浪费土方。

b. 每填高 1m 左右或填至距路肩 1m 时，要重新恢复中钱、测高程、放铺筑面边桩，用石灰显示铺筑面边线位置，并将标杆移至铺筑面边上。

c. 距路肩 1m 以下的边坡，常按设计宽度每侧多填 0.25m 控制；距路肩 1m 以内的边坡，则按稍陡于设计坡度控制，使路基面有足够的宽度，以便整修边坡时铲除超宽的松土层后，能保证路肩部分的压实度。

d. 填至路肩标高时，应将大部分地段（填高 4m 以下的路堤）的设计标高进行实地检测；填高大于 4m 地段，应按土质和填高不同，考虑预留沉落量，使粗平后的路基面无缺土现象。最后测设中线桩及路肩桩，抄平后计算整修工作量。

② 路堑边坡及挖深的控制方法。路堑机械开挖过程中，一般都需配合人工同时进行整修边坡工作。

a. 机械挖土时，应按每层挖土厚度及边坡坡度保持层与层之间的向内回收的宽度，防止挖伤边坡或留土过多。

b. 每挖深 1m 左右，应测设边坡、复核路基宽度，并将标杆下移至挖掘面的正确边线上。每挖 3～4m 或距路基面 20～30cm 时，应复测中线、高程、放样路基面宽度。按以上做法，可及时控制填方超填和挖方超挖现象。

3.1.4 填方路堤施工中各层的抄平

填方路基在施工过程中是分层进行填筑的，分层的厚度又难以控制，这就需要在填筑之前先标定出分层填筑的顶面高程。如图 3-13 所示，图中 h 为松铺厚度；h' 为压实厚度。在填筑以前需要先标定松铺厚度 M 点的位置，N 点为填筑层压实后的位置。

① 如图 3-14 所示，A_1、B_1、C_1、D_1 为路基的坡脚放样位置，A、B、C、D 为某结构层松铺厚度顶面的放样位置。A_1A（B_1B、C_1C、D_1D）之间的高差为松铺厚度 h，AC、BD 的长度为该层顶面的宽度。

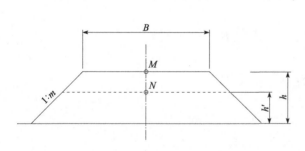

图 3-13 填方路基抄平示意图

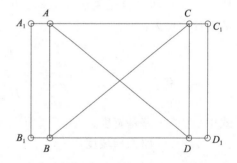

图 3-14 结构层顶面放样位置示意图

② 由试验路段可得该结构层所对应的松铺系数 k。

$$k = \frac{h}{h'} \tag{3-42}$$

$$h = kh' \tag{3-43}$$

③ 结构层松铺厚度的顶面高程为 H。

$$H = H_d + h \tag{3-44}$$

式中 H_d——该结构层底面高程。

④ 采用高程放样方法用木桩标定出 A、B、C、D 的位置，使木桩顶面的高程等于该结构层松铺厚度的顶面高程 H。

⑤ 在各木桩顶面钉上小钉子，在钉子之间拴上细线作为填筑的依据。

⑥ 当该结构层压实以后，再用高程放样的方法检查该结构层顶面的高程。

3.1.5 直线段路基顶面的抄平

当路基施工高度达到设计高程以后，应检查路基中心顶面的设计高程及路基两侧边缘的设计高程。路面横坡度的形成，一般在路基顶面施工时就应该做成横向坡度。路基顶面的横坡与路面顶面的横坡是一致的。

如图3-15为路基平面图。在图中 A、B、C 为路基施工控制桩，D、E、F 和 G、H、O 为与路线施工控制桩相对应的路基边桩。

(1) **先检查路基顶面中线施工控制桩的设计标高** 假定 A 的设计标高为 H_A，路线纵坡为 $+i_0\%$（上坡），施工控制桩间距为10m。则 B、C 点的设计高程为：

$$H_A = 路面顶面中心点的设计高程 - 路面结构层厚度$$

$$H_B = H_A + (+i_0\%) \times 10 \tag{3-45}$$

$$H_C = H_B + (+i_0\%) \times 10 \tag{3-46}$$

分别在已知高程为 H_{BM} 的水准点和 A 点立水准尺，水准仪后视水准点所立水准尺度数为 a，前视 A 点所立水准尺度数为 b_A。

$$H'_A = H_{BM} + (a - b_A) \tag{3-47}$$

$$\Delta A = H'_A - H_A \tag{3-48}$$

若 $\Delta A < 0$，A 点应填高，填高值为 ΔA；若 $\Delta A > 0$，则点 A 应挖低，挖低值为 ΔA。依次进行 B、C 点的检查和放样。

(2) **再检查路基边线施工控制桩的设计标高**

计算和路基中心施工桩 A 点相对应的两侧路基边桩 D 点和 G 点的设计标高。如图3-15所示，D 点和 G 点是关于 A 点对称的两个路基边缘点，设路面横坡为 $i\%$，则 D 点和 G 点的设计高程为：

$$H_D = H_A - i\% \times \frac{B}{2} \tag{3-49}$$

$$H_G = H_A - i\% \times \frac{B}{2} \tag{3-50}$$

式中　B——路基宽度；

　　　$i\%$——路面横坡度。

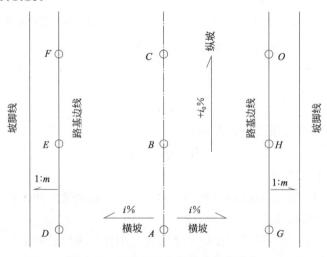

图3-15　路基中桩与边桩位置示意图

如上同检查路基顶面路线控制桩的高程一样，依次检查路基两边线施工控制桩 D、G 点的高程，其他各点（E、H、F、O）可采用同样的方法进行检查。

3.1.6　曲线段路基顶面的抄平

对于曲线段由于存在超高和加宽，计算要相对复杂一些。在路基设计表中，路基加宽和超高值已经给出，在进行放样时只需直接引用即可。在计算路基边线上点的高程和坐标时，为计算方便一般是以与其相对应的在同一个横断面方向上中线施工控制桩的坐标和高程为基准。检查方法同直线段。

3.1.7　路基排水设施施工放样

路基及沿线构造物经常受到水的侵袭，严重时会危害路基，甚至彻底冲毁。因此路基排水设施的施工应予以充分的重视。

路基排水设施有地表排水设施和地下排水设施。地表排水设施常见的有边沟、截水沟、排水沟等几种；地下排水设施常见的有暗沟、渗沟、渗井等。各种排水设施虽然修建的位置不同，但其放样的内容和方法基本相同。在此，只介绍边沟的施工放样。

（1）**边沟平面位置的放样**　在设计文件中，没有明确的边沟平面设计图，只是给定了边沟的横断面设计图及起讫点的桩号及边沟的位置。因此，边沟平面位置的放样，主要是根据施工现场，以及考虑边沟与路线线形、地形地貌、天然河沟、桥涵位置等因素的协调性，结合路基横断面，合理地放样边沟的平面位置。放样时，先放出边沟起点断面的平面位置，再放出边沟终点断面的平面位置，然后将对应点连成线即可。如图 3-16、图 3-17 所示。

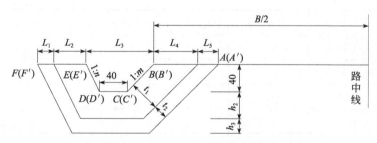

图 3-16　40×40 梯形边沟断面图

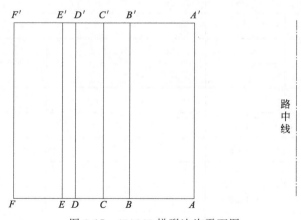

图 3-17　40×40 梯形边沟平面图

（2）**高程放样** 边沟的高程放样是根据边沟的断面形式、尺寸及边沟的位置，以及考虑路基横断面情况计算边沟各控制点的高程，按高程放样的方法进行，相关内容在其他章节已经介绍，在此不再赘述。

3.2 任务技能训练

3.2.1 目的

（1）学会路基边坡边桩的放样。
（2）能够使用全站仪进行路基边桩的放样。
（3）掌握路基边桩、边坡的放样过程。

3.2.2 仪器与工具

由仪器室借领：全站仪1台、棱镜1个、花杆2根、记录板1块、记录表格2张。

3.2.3 步骤与方法

按照《公路工程施工测量实训手册》实训任务9操作要求步骤进行操作。

3.2.4 实训报告

路基放样记录表见表3-6。

表3-6 路基放样记录表

施工单位：
监理单位：

桩号	左高差/m	右高差/m	左边距/m	右边距/m	差值/m	备注
K0+000	1.25	1.25				
K0+010	1.38	0.38				
K0+020	1.46	0.56				
K0+030	1.53	0.41				
K0+040	1.69	−0.24				
K0+050	1.74	0.74				
K0+060	1.81	0.81				
K0+070	1.95	0.95				
K0+080	−1.32	0.32				
K0+090	−1.46	−1.46				
K0+100	−1.57	−1.57				
K0+110	−1.61	−1.88				
K0+120	−1.78	−1.53				
K0+130	−1.84	−1.29				
K0+140	−1.96	−1.96				

项目3 公路路线及路基路面测量与放样

放样草图	主要操作步骤
实训总结	
任务得分	

3.3 学习效果评价反馈

学习效果评价反馈表见表 3-7。

表 3-7 学习效果评价反馈表

班级：　　　　　　学号：　　　　　　姓名：　　　　　　组别：

任务名称	路基施工放样				
问题	教师评价				
	极不满意	不满意	一般	满意	非常满意
	1	2	3	4	5
1. 能准确运用所学知识完成该任务					
2. 能够积极主动查阅资料完成任务、语言表述清晰					
学生自评总分	教师评价总分				

学生对该教学方法的意见：

对完成任务的意见：

注：如对项目设置、教师在引导项目完成过程中的表现及完成项目有好的建议，请填写"对完成任务的意见"。

任务 4　路面施工放样

学习目标

1. 学会路面路槽、边桩、路拱的放样；
2. 能够使用全站仪进行路面边桩的放样；
3. 掌握路面边桩的放样过程。

任务描述

通过多媒体资源和教师讲解，使学生能够使用全站仪进行路面路槽、边桩、路拱的放样和计算。

项目3　公路路线及路基路面测量与放样

> **学习引导**
>
> 本学习任务沿着以下路线进行学习。

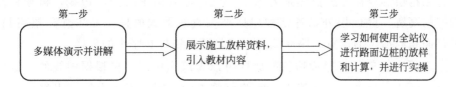

4.1　任务支撑知识

路面施工是公路施工的最后一个环节，也是最重要、最关键的一个环节。因此，对路面施工放样的精度要求要比路基施工阶段放样的精度高。为了保证精度，便于测量，通常在路面施工前，将线路两侧的导线点和水准点引测到路基上，一般设置在不易破坏的桥梁、通道的桥台上或涵洞的压顶石上。引测的导线点和水准点要和高一级的导线点和水准点进行附合或闭合，精度应满足一级、二级和五等水准测量的要求。

路面施工阶段的测量放样工作仍然包括恢复中线、放样高程和测量边线。

路面施工是在路基土石方施工完成以后进行的。在路面底基层（或者垫层）施工前，首先应进行路槽放样。路槽放样包括两个方面的内容：中线施工控制恢复放样和中平测量；路槽横坡放样。除面层外，各结构层横坡按直线形式放样。

4.1.1　路槽的放样

如图 3-18 所示，在铺筑路面时，首先应进行路槽放样，在已完工的路基顶面上恢复中线，每隔 10m 设加桩，再沿各中桩的横断面方向向两侧量出路槽宽度的一半（$C/2$）得到路槽的边桩，量出路基宽度的一半（$B/2$）得到路肩的边桩（曲线段设置加宽时，要在加宽的一侧增加加宽值 W），然后用放样已知点高程的方法使中桩、路槽边桩、路肩边桩的桩顶高程等于路面施工完成后的路面标高（要考虑路面和路肩的横坡以及超高）。在上述这些边桩的旁边挖一个小坑，在坑中钉桩，然后用放样已知点高程的方法，使桩顶高程附合于考虑过路槽横向坡度后的槽底高程，以指导路槽的开挖和整修。低等级公路一般采用挖路槽的路面施工方式，路槽修正完毕后，便可进行培路肩和路面施工。高等级公路一般采用培路肩的路面施工方式，所以路槽开挖整修要进行到路肩的边缘。

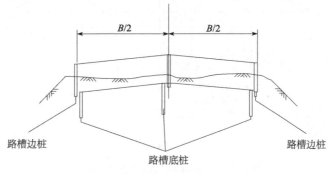

图 3-18　路槽放样示意图

机械施工时，木桩不易保存，因此路中心和路槽边的路面高程可不放样，而在路槽整修完成后，在路槽底面上放置相当于路面加虚方厚度的木块作为路面施工的标准。

4.1.2 路面放样

路面各结构层的放样方法仍然是先恢复中线，然后由中线控制边线，再放样高程，控制各结构层的高程。除面层外，各结构层横坡按直线形式放样。要注意有超高和加宽时，还要考虑路面超高加宽的设置。路面放样主要是路面边桩和路拱的放样。

(1) 路面边桩放样 路面边桩的放样可以先放出中线，再根据中线的位置和横断面方向用钢尺丈量放出边桩。在高等级公路路面施工中，有时不放中桩而直接根据边桩的坐标放样边桩。

① 边桩坐标的计算。如图 3-19 所示，路线中线上任意一点 P 桩号为 L_P，坐标为 (X_P, Y_P)，切线坐标方位角为 $\alpha_{切}$。过 P 点的法线坐标方位角 $\alpha_{法}$ 按式（3-51）计算求得：

$$\alpha_{法} = \alpha_{切} + 90° \tag{3-51}$$

为计算方便，规定 $\alpha_{法}$ 方向总是指向中线右侧，左右两侧是相对于路线前进方向而言。

横断面方向上任一点 M，距离中线的距离（即横支距）为 L，规定中线左侧横支距为负，中线右侧横支距为正，则横断方向上 M 点的坐标用下式计算：

$$X_M = X_P + L\cos\alpha_{法} \tag{3-52}$$
$$Y_M = Y_P + L\sin\alpha_{法} \tag{3-53}$$

② 边桩放样。路面边桩放样与路基边桩放样相同，但对于高等级公路，可根据前面计算出的路基边桩坐标，采用坐标放样的方法放出边桩。

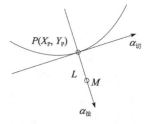

图 3-19　法线方位角计算图

(2) 路拱放样 为有利于路面排水，在保证行车平稳的要求下，路面应做成中间高并向两侧倾斜的拱形，称为路拱。对于水泥混凝土路面或有中间带的沥青类路面，其路拱按直线形式放样。对于没有中间带的沥青类路面，其路拱一般有下列几种形式，放样是从路中线开始，按图 3-20 所示的坐标形式进行放样，一般把路幅宽度分为 10 等份。

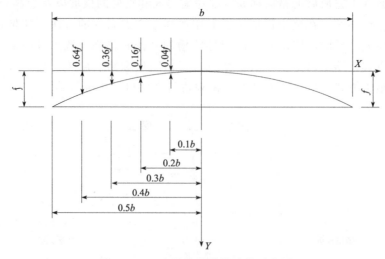

图 3-20　二次抛物线路拱放样示意图

① 整个路拱为二次抛物线形。如图 3-20 所示，二次抛物线的形状可用下列方程表示：

$$X^2 = 2PY \tag{3-54}$$

当 $X = \dfrac{b}{2}$ 时，$Y = f$

所以

$$\dfrac{b^2}{4} = 2Pf \quad 或 \quad 2P = \dfrac{b^2}{4f}$$

由此得：

$$Y = \dfrac{X^2}{2P} = \dfrac{4f}{b^2} X^2 \tag{3-55}$$

式中　X——横距；

　　　Y——纵距；

　　　b——路面宽度；

　　　f——拱高，可按路拱坡度 i 确定，即 $f = \dfrac{b}{2} i$。

② 改进的二次抛物线路拱。参见图 3-20。计算方程如下：

$$Y = \dfrac{2f}{b^2} X^2 + \dfrac{f}{b} X \tag{3-56}$$

③ 半立方次（一次半）抛物线路拱。参见图 3-20。计算方程如下：

$$Y = f \left(\dfrac{2X}{b} \right)^{\tfrac{3}{2}} \tag{3-57}$$

④ 改进的三次抛物线路拱。参见图 3-20。计算方程如下：

$$Y = \dfrac{4f}{b^3} X^3 + \dfrac{f}{b} X \tag{3-58}$$

⑤ 两个斜面中间用曲线连接。如图 3-21 所示，中间部分可用抛物线或圆曲线连接。拱高可按式（3-59）计算：

$$f = \left(\dfrac{b}{2} - \dfrac{d}{4} \right) i = \left(b - \dfrac{d}{2} \right) \dfrac{i}{2} \tag{3-59}$$

式中　d——曲线段的水平距离，其他符号同前。

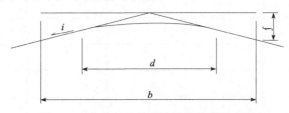

图 3-21　曲线与直线衔接路拱放样示意图

对于中间没有分隔带的沥青路面，其路面路拱的放样一般采用路拱样板进行，在施工过程中应逐段检查。

4.2　任务技能训练

4.2.1　目的

（1）学会使用全站仪进行路面边桩的放样。

(2) 掌握路面边桩的放样过程。

4.2.2 仪器与工具

由仪器室借领：全站仪 1 台、棱镜 1 个、花杆 2 根、记录板 1 块、记录表格 2 张。

4.2.3 步骤与方法

（1）根据路线中桩坐标采用全站仪进行道路中桩位置放样，确定中桩位置。

（2）根据路面面层各层设计高程采用水准仪进行路面标高放样，确定施工标高位置。

（3）根据路面左右边距（或路面边桩坐标）采用全站仪进行路面边桩放样，确定路面边桩位置。

4.2.4 实训数据

本次实训任务数据任课教师可根据实际情况自行组织。

4.2.5 实训报告

路面放样记录表见表 3-8。

表 3-8　路面放样记录表

施工单位：
监理单位：

桩号	坐标		实测高程/m	设计高程/m	边距/m	备注
	X/m	Y/m				

放样草图	主要操作步骤
实训总结	
任务得分	

4.3 学习效果评价反馈

学习效果评价反馈表见表 3-9。

表 3-9 学习效果评价反馈表

班级：　　　　　学号：　　　　　姓名：　　　　　组别：

任务名称	路面施工放样				
问题	教师评价				
	极不满意	不满意	一般	满意	非常满意
	1	2	3	4	5
1. 能准确运用所学知识完成该任务					
2. 能够积极主动查阅资料完成任务、语言表述清晰					
学生自评总分		教师评价总分			

学生对该教学方法的意见：

对完成任务的意见：

注：如对项目设置、教师在引导项目完成过程中的表现及完成项目有好的建议，请填写"对完成任务的意见"。

知识拓展

用路线控制桩恢复中线

对于低等级公路或施工单位没有测距仪时，可用路线控制桩恢复中线，中线恢复时所用公路平面设计资料主要有路线平面图、路线固定表、直线、曲线转角一览表等。施工前，当路线控制桩（交点桩、转点桩及路线起讫桩）恢复完成后，首先恢复公路中线直线段的施工控制桩，再恢复公路中线曲线段的施工控制桩。曲线段公路中线的恢复是先恢复主点桩，再按施工要求设置加桩。

在直线段，施工控制桩的恢复比较简单，利用附录一介绍的已知距离和角度放样点的方法进行放样，在此不再赘述；在曲线段，可以建立局部坐标系，计算曲线段上各施工控制桩在局部坐标系中的坐标，然后利用坐标法进行放样。

曲线段各施工控制桩的其他放样方法（偏角法、极坐标法等）在《测量学》中已经学过，在此只介绍用坐标法放样施工控制桩的方法。

由于低等级公路平面线形标准低，所以设计在交点处的平曲线线形形式也较多，主要有单圆曲线、带缓和曲线的平曲线、凸形曲线、回头曲线等几种。下面就对这几种平曲线线形的施工控制桩放样方法加以介绍。

1. 单圆曲线施工控制桩的放样

(1) 主点桩的放样 如图3-22所示,在JD_n处所设平曲线为单圆曲线,从直曲表中可查出曲线要素:交点桩号、偏角α、曲线半径R、切线长T、外距值E等。放样步骤如下:

① 曲线起、终点（ZY、YZ）的放样:在JD_n处安置全站仪或经纬仪,望远镜照准JD_{n-1}或此方向上的转点,量取切线长T,得曲线起点(ZY);同理,用望远镜照准JD_{n+1}或此方向上的转点,量取切线长T,得曲线起点(YZ)。

② 曲线中点的放样（QZ）:曲线起、终点（ZY、YZ）放样完毕后,转动全站仪或经纬仪照准部,瞄准角分线方向,沿此方向量取外距值E,得曲线中点(QZ)。

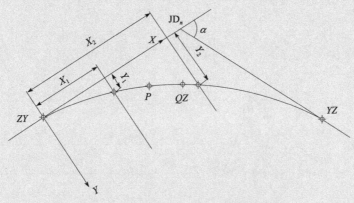

图3-22 单圆曲线施工放样示意图

(2) 加桩放样 在圆曲线的主点桩设置完成后,即可进行圆曲线加桩的放样。曲线加桩放样方法很多,在此只介绍最常用的一种方法——直角坐标法,它是以曲线的起点ZY或终点YZ为坐标原点,以切线为X轴,过原点的曲率半径方向为Y轴,按曲线上各点坐标设置各点位置。

如图3-22所示,设P为曲线上待放点,该点至ZY点或YZ点的弧长为L_i,R为圆曲线半径,则P的坐标可按下式计算:

$$X = R\sin\left(\frac{L_i}{R} \times \frac{180°}{\pi}\right) \tag{3-60}$$

$$Y = R\left[1 - \cos\left(\frac{L_i}{R} \times \frac{180°}{\pi}\right)\right] \tag{3-61}$$

式中 L_i——待放点P桩号与ZY点或YZ点桩号之差;
　　　R——圆曲线半径。

放样时,为避免支距过长,一般由ZY点、YZ点分别向QZ点放样。其放样方法在《测量学》中已经学过,在此不再介绍。

2. 对称式带有缓和曲线的平曲线施工控制桩放样

(1) 主点桩的放样 如图3-23所示,在JD_n处所设平曲线为对称式带有缓和曲线的平曲线,从直曲表中可查出曲线要素:交点桩号、偏角α、曲线半径R、缓和曲线长L_s、切线长T_h、外距值E等。放样步骤如下:

① 曲线起、终点（ZH、HZ）的放样：在 JD_n 处安置全站仪或经纬仪，望远镜照准 JD_{n-1} 或此方向上的转点，量取切线长 T_h，得曲线起点（ZH）；同理，用望远镜照准 JD_{n+1} 或此方向上的转点，量取切线长 T_h，得曲线起点（HZ）。

② 曲线中点的放样（QZ）：曲线起终点放样完毕后，转动全站仪或经纬仪照准部，瞄准角分线方向，沿此方向量取外距值 E，得曲线中点（QZ）。

③ HY 点、YH 点的放样：分别以 ZH 点、HZ 点为坐标原点，以 (X_h, Y_h) 坐标进行放样。

（2）加桩放样 如图 3-23 所示，以曲线的起点 ZH 或终点 HZ 为坐标原点，以切线为 X 轴，过原点的曲率半径方向为 Y 轴，建立坐标系，计算曲线上任意一点在该坐标系中的坐标，然后进行放样。

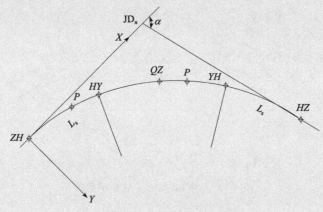

图 3-23 对称式缓和曲线施工放样示意图

① 当待放点 P 在缓和曲线上时，其坐标可按下式计算：

$$X = L_i - \frac{L_i^5}{40R^2 L_s^2} \tag{3-62}$$

$$Y = \frac{L_i^3}{6RL_s} \tag{3-63}$$

$$p = \frac{L_s^2}{24R} \tag{3-64}$$

$$q = \frac{L_s}{2} - \frac{L_s^3}{240R^2} \tag{3-65}$$

式中 L_i——待放点 P 至 ZH 点或 HZ 点的弧长，其值等于待放点 P 桩号与 ZH 点或 HZ 点桩号之差，式（3-62）、式（3-63）中，当 $L_i = L_s$ 时，即得 HY 点、YH 点的坐标 (X_h, Y_h)；

L_s——缓和曲线长；

p——圆曲线内移值；

q——切线增长值；

R——圆曲线半径。

② 当待放点 P 在圆曲线上时，其坐标可按下式计算：

$$X = R\sin\frac{\left(L_i - \dfrac{L_s}{2}\right)\dfrac{180°}{\pi}}{R} + q \tag{3-66}$$

$$Y = R\left[1 - \cos\frac{\left(L_i - \dfrac{L_s}{2}\right)\dfrac{180°}{\pi}}{R}\right] + p \tag{3-67}$$

式中 L_i——待放点 P 至 ZH 点的弧长，其值等于待放点 P 桩号与 ZH 点桩号之差；
其余符号同前。

放样时，为避免支距过长，一般由 ZH 点、HZ 点分别向 QZ 点放样。其放样方法在《测量学》中已经学过，在此不再介绍。

3. 非对称式带有缓和曲线的平曲线施工控制桩放样

如图 3-24 所示，在 JD_n 处所设曲线为非对称式带有缓和曲线的平曲线，其中 $L_{s1} > L_{s2}$。曲线中点不在右角平分线上，而是偏向缓和曲线短的一侧。P 为曲线上任一待放点。对于非对称式带有缓和曲线的平曲线，先计算前、后两半部分曲线的内移值 p_1、p_2，曲线增长值 q_1、q_2，前、后两半部分曲线的切线长 T_{h1}、T_{h2}，中间圆曲线长 L_y。

$$p_1 = \frac{L_{s1}^2}{24R}; \qquad p_2 = \frac{L_{s2}^2}{24R} \tag{3-68}$$

$$q_1 = \frac{L_{s1}}{2} - \frac{L_{s1}^3}{240R^2}; \qquad q_2 = \frac{L_{s2}}{2} - \frac{L_{s2}^3}{240R^2} \tag{3-69}$$

$$T_{h1} = \frac{R + p_2 - (R + p_1)\cos\alpha}{\sin\alpha} + q_1 \tag{3-70}$$

$$T_{h2} = \frac{R + p_1 - (R + p_2)\cos\alpha}{\sin\alpha} + q_2 \tag{3-71}$$

$$L_y = \frac{\pi}{180°}\alpha R - \frac{L_{s1}}{2} - \frac{L_{s2}}{2} \tag{3-72}$$

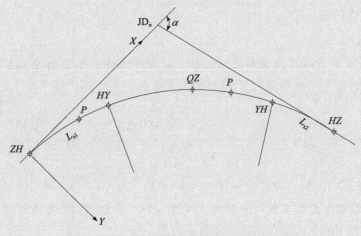

图 3-24 非对称式缓和曲线施工放样示意图

（1）主点放样 如图 3-24 所示，在 JD_n 处所设平曲线为非对称式带有缓和曲线的平曲线，放样步骤如下：

① 曲线起、终点（ZH、HZ）的放样：在 JD_n 处安置全站仪或经纬仪，望远镜照准 JD_{n-1} 或此方向上的转点，量取切线长 T_{h1}，得曲线起点 ZH；同理，用望远镜照准 JD_{n+1} 或此方向上的转点，量取切线长 T_{h2}，得曲线起点 HZ。

② 曲线中点的放样（QZ）：对于非对称式带有缓和曲线的平曲线，曲线中点不在右角平分线上，因此，曲线中点的放样，可根据计算出来的坐标进行放样。

③ HY 点、YH 点的放样：分别以 ZH 点、HZ 点为坐标原点，以 (X_{h1}, Y_{h1})、(X_{h2}, Y_{h2}) 坐标进行放样。

（2）加桩放样

① 当待放点 P 在第一段缓和曲线上时，以曲线的起点 ZH 为坐标原点，以切线为 X 轴，过原点的曲率半径方向为 Y 轴，建立坐标系，其坐标可按下式计算：

$$X_1 = L_i - \frac{L_i^5}{40R^2 L_{s1}^2} \tag{3-73}$$

$$Y_1 = \frac{L_i^3}{6RL_{s1}} \tag{3-74}$$

式中　L_i——待放点 P 至 ZH 点的弧长，其值等于待放点 P 桩号与 ZH 点桩号之差 [当 $L_i = L_{s1}$ 时，即得 HY 点的坐标 (X_{h1}, Y_{h1})]；

　　　L_{s1}——第一段缓和曲线长；

　　　R——圆曲线半径。

② 当待放点 P 在圆曲线上时，以曲线的起点 ZH 为坐标原点，以切线为 X 轴，过原点的曲率半径方向为 Y 轴，建立坐标系，其坐标可按下式计算：

$$X = R\sin\frac{\left(L_i - \frac{L_{s1}}{2}\right)\frac{180°}{\pi}}{R} + q_1 \tag{3-75}$$

$$Y = R\left[1 - \cos\frac{\left(L_i - \frac{L_{s1}}{2}\right)\frac{180°}{\pi}}{R}\right] + p_1 \tag{3-76}$$

式中符号同前。

③ 当待放点 P 在第二段缓和曲线上时，以曲线的终点 HZ 为坐标原点，以切线为 X 轴，过原点的曲率半径方向为 Y 轴，建立坐标系，其坐标可按下式计算：

$$X_2 = L_i - \frac{L_i^5}{40R^2 L_{s2}^2} \tag{3-77}$$

$$Y_2 = \frac{L_i^3}{6RL_{s2}} \tag{3-78}$$

式中，当 $L_i = L_{s2}$ 时，即得 YH 点的坐标 (X_{h2}, Y_{h2})。其余符号同前。

放样时，为避免支距过长，一般由 ZH 点、HZ 点分别向 QZ 点放样。其放样方法在《测量学》中已经学过，在此不再介绍。

4. 凸曲线上施工控制桩的放样

如图 3-25 所示，在 JD_n 处的平曲线为凸形曲线，在直曲表中可查出三个主点桩（ZH、QZ、HZ）的桩号、缓和曲线长 L_s、缓和曲线终点的半径 R、回旋线参数 A 及

偏角 α。凸曲线施工控制桩的放样方法与其他平曲线的放样方法相同，不再赘述，在此只介绍凸曲线施工控制桩坐标的计算。

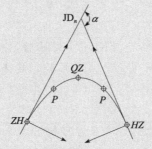

图 3-25 凸曲线施工放样示意图

（1）当待放点 P 在 ZH～QZ 段上时，以 ZH 点为坐标原点，以过 ZH 点的切线为 X 轴，以过原点的曲率半径方向为 Y 轴建立直角坐标系，计算曲线上施工控制桩的坐标。其坐标按下式计算：

$$X = L_i - \frac{L_i^5}{40R^2L_s^2} \tag{3-79}$$

$$Y = \frac{L_i^3}{6RL_s} - \frac{L_i^7}{336R^3L_s^3} \tag{3-80}$$

式中　R——QZ 点所对应的缓和曲线的曲率半径，$R = A/L_s$。

其余符号同前。

（2）当待放点 P 在 QZ～HZ 段上时，其坐标计算与上式相同。只不过，此时是以 HZ 点为坐标原点，以过原点的切线为 X 轴，以过原点的曲率半径方向为 Y 轴建立的直角坐标系。

5. 回头曲线施工控制桩的放样

山区低等级公路，当路线跨越山岭时，为了克服高差，需要用回头曲线来展线，回头曲线的线形较差，通常情况下应尽量避免使用回头曲线。

回头曲线的线形有三种形式，即大回头、小回头、平头，这三种回头曲线的计算方法是相同的。现只以大回头曲线为例，介绍其施工控制桩的坐标计算方法。其放样方法与其他平曲线放样方法相同，在此不再赘述。

如图 3-26 所示，以 ZH 点或 HZ 点为坐标原点，以切线为 X 轴，以过原点的曲率半径方向为 Y 轴建立直角坐标系，计算各段曲线上施工控制桩的坐标。

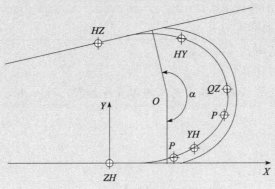

图 3-26 回头曲线施工放样示意图

(1) 当待放点 P 在缓和曲线上时，其坐标按下式计算：

$$X = L_i - \frac{L_i^5}{40R^2 L_s^2} \tag{3-81}$$

$$Y = \frac{L_i^3}{6RL_s} - \frac{L_i^7}{336R^3 L_s^3} \tag{3-82}$$

式中　L_i——待放点 P 至 ZH 点或 HZ 点的弧长，其值等于待放点 P 桩号与 ZH 点或 HZ 点桩号之差。

其余符号同前。

(2) 当待放点 P 在圆曲线上时，其坐标可按下式计算：

$$X = R\sin\frac{\left(L_i - \frac{L_s}{2}\right)\frac{180°}{\pi}}{R} + q \tag{3-83}$$

$$Y = R\left[1 - \cos\frac{\left(L_i - \frac{L_s}{2}\right)\frac{180°}{\pi}}{R}\right] + p \tag{3-84}$$

式中　L_i——待放点 P 至 ZH 点的弧长，其值等于待放点 P 桩号与 ZH 点桩号之差；

其余符号同前。

值得注意的是，以上几种线形坐标计算公式当中，以 HZ 点为坐标原点，以过 HZ 点的切线为 X 轴，以过 HZ 点的曲率半径方向为 Y 轴建立的直角坐标系，可转化为以 ZH 点为坐标原点，以过 ZH 点的切线为 X 轴，以过 ZH 点的曲率半径方向为 Y 轴建立的直角坐标系，其结果一样，具体应用时可根据实际情况进行选择。

练习题

1. 简述导线控制点复测的方法。
2. 用坐标法放样时，在直线段上中桩坐标如何计算？
3. 用坐标法放样时，在带有缓和曲线的平曲线上中桩坐标如何计算？
4. 简述用坐标法放样公路中线的步骤。
5. 在局部坐标系中，单圆曲线上加桩坐标如何计算？
6. 在局部坐标系中，带有缓和曲线的平曲线上加桩坐标如何计算？
7. 简述低等级公路带缓和曲线的平曲线的放样方法。
8. 竖曲线段设计高程如何计算？
9. 简述路基横断面放样的几种方法。
10. 简述直线段路基顶面抄平的步骤。
11. 路面边桩坐标如何计算？
12. 对没有中间带的沥青路面，其常见路拱形式一般有几种？并写出计算公式。

项目 4

桥梁工程施工测量放样

学习要点

桥墩台及基础标高放样;桥梁细部施工放样;桥梁墩台竣工测量。

核心技能

能够放样桥墩台的平面位置、高程及基础标高;能够进行桥涵细部结构放样;能够施工用全站仪进行桥梁墩台的竣工测量。

任务 1 桥墩台及基础标高放样

学习目标

1. 学会桥墩台及基础标高放样;
2. 能够使用测量仪器进行桥墩台及基础标高的放样;
3. 掌握桥墩台及基础标高的放样过程。

任务描述

通过多媒体资源和教师讲解，使学生能够使用测量仪器进行桥墩台及基础标高的放样和计算。

学习引导

本学习任务沿着以下路线进行学习。

第一步：多媒体演示并讲解 → 第二步：展示施工放样资料，引入教材内容 → 第三步：学习如何进行桥墩台及基础标高的放样，并进行实操

1.1 任务支撑知识

1.1.1 桥墩、桥台标高放样

对于砌石（或混凝土）桥墩、桥台，当施工到一定高度后，应及时放样墩台顶面标高，以确定墩台顶面距设计标高的差值。由于此时墩台顶距地面已有相当高度，用常规的水准测量方法已无法施测，需用特殊方法，如图 4-1、图 4-2 所示。图 4-1 适用于桥墩、桥台侧面垂直于地面的情况，图 4-2 适用于桥墩、桥侧面是斜面的情况。

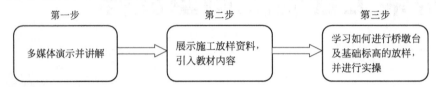

图 4-1　桥墩台铅垂时高程放样图　　　图 4-2　桥墩台为斜面时高程放样图

如图 4-1（a）所示，桥墩或桥台侧面垂直于地面，A 为已知水准点，墩、台顶面的设计高程在设计文件中已知，这时可采用钢尺直接量取垂距［如图 4-1（a）所示］或采用"倒尺"［如图 4-1（b）所示］两种方法。

图 4-1（a）适用于较高的墩、台高程放样。施测时，先在 1 点立水准仪，后视水准尺并读数，然后前视墩、台身，并在钢尺上读数，假设 A 点高程为 H_A，墩、台顶面待放样高程为 $H_{待}$，则可算出钢尺上垂距 b，即 $b = H_{待} - H_A - a$，就可用钢尺直接在墩、台上量出待放样高程。

图 4-1（b）适用于待放样高程位置不超过水准尺工作长度的墩、台高程放样。施测时，先在 1 点安置水准仪，后视水准尺并读数，按前面公式 $b = H_{待} - H_A - a$ 计算出 B 处水准尺应有的前视读数 b 值，然后将水准尺倒立，上下移动水准尺，当水准仪的前视读数恰好为 b 时，水准尺零端处即为 B 处放样点高程位置。

如图 4-2 所示，桥墩或桥台的侧面为斜面，A 为已知水准点，墩、台顶面的设计高程在设计文件中已知，施测前，先在墩、台 C 点位置上立一支架并悬挂钢尺，钢尺下悬挂重物。施测时，先在 1 处安置水准仪，后视 A 处水准尺读数 a 并记录，然后前视钢尺读数并记录。把水准仪移至墩、台顶2处，后视钢尺读数并记录，然后将水准尺放在检测点B上，水准仪瞄准水准尺并读数b，则B处高程$H_B=H_A+a+h_1-b$，式中h_1为钢尺两次读数差的绝对值。根据墩台顶面的设计高程与B点高程H_B的大小即可判定墩、台身顶面标高是否满足设计要求。

1.1.2 桥涵基础标高放样

桥涵基础标高放样分为水下和旱地两种，现分述如下。

(1) 水下基础标高放样（如钻孔灌注桩基础） 一般采用测绳下悬重物进行施测。现以钻孔灌注桩基础为例来说明桩底标高的确定。

如图4-3所示（钻机未画出），A为已知水准点，施测时先将A处水准点高程引至护筒顶B处（B处高程需常复测），并在B处作一标志。钻孔过程中可根据该标志以下的钻杆长度（每节钻杆均为定长）判定是否已经钻到设计高程。清孔结束及浇筑混凝土前均可用测绳检测孔底标高，方法是：在测绳零端悬挂一锥形铁块，B处放下测绳，当感觉测绳变轻（注意不要让测绳太靠近钻杆或钢筋笼）后，读取测绳读数（由于测绳每米一刻划，故应量取尺尾零长度并加上尺头重物长），则桩底C处高程＝护筒B处高程－测绳长度L。

(2) 旱地基础标高放样 旱地基础标高放样分为浅基础和深基础两种情况，如图4-4所示。

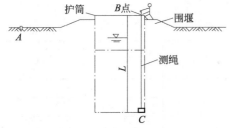

图4-3 桥涵基础标高放样（水下）

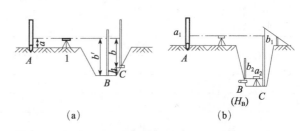

图4-4 桥涵基础标高放样（旱地）

① 浅基础。如图4-4（a）所示，桥涵基础较浅，则直接在基底或基础侧壁立水准尺。A为一已知水准点。施测时，水准仪安置在1处，后视A处已知水准点上立的水准尺读数，并记录，前视基础底部B处或基础侧壁C处所立水准尺读数并记录，则可得基础底部B处高程或基础侧壁高程。基底B处高程$H_B=H_A+a-b'$，基础侧壁高程$H_B=H_A+a-b$，其中图上h值可直接量得。

② 深基础。如图4-4（b）所示，当基坑开挖较深时，基底设计高程与基坑边已知水准高程相差较大并超出了水准尺的工作长度，这时可采用水准仪配合悬挂钢尺的方法向下传递高程。A为已知水准点，其已知高程为H_A，B为放样点位置，其放样高程为H_B（H_B应根据放样时基坑实际开挖深度选择，H_B往往比基底设计高程高出一个定值，如1m整），在基坑边用支架悬挂钢尺，钢尺零端点朝下并悬挂10kg重锤，放样时最好用两台水准仪同时观测，具体方法如下：

在A点立水准尺，基坑边的水准仪后视A尺并读数a_1，前视钢尺读数b_1的同时，基坑底的水准仪后视钢尺读数a_2，然后计算B处水准尺应有的前视读数为：

$$b_2=H_A+a_1-b_1+a_2-H_B$$

这时上下移动B处的水准尺，直到水准仪前视读数恰好等于b_2时标定点位。为了控制基坑开挖深度，还需要在基坑四周壁上放样出一系列高程均为 H_B 的点位，如果 H_B 比基坑设计高程高出一个定值 ΔH，施工人员就可借助一把定长为 ΔH 的小尺子方便地检查基底标高是否达到了设计值。

1.2 任务技能训练

1.2.1 目的

（1）学会桥墩台及基础标高放样。
（2）能够使用测量仪器进行桥墩台及基础标高的放样。
（3）掌握桥墩台及基础标高的放样过程。

1.2.2 仪器与工具

由仪器室借领：全站仪1台、水准仪1台、记录板1块、记录表格2张。

1.2.3 步骤与方法

按照《公路工程施工测量实训手册》实训任务10操作要求步骤进行操作。

1.2.4 实训报告

根据实际放样过程和放样实测数据填写桥墩台及基础标高放样记录表（表4-1）。

表 4-1 桥墩台及基础标高放样记录表

施工单位：
监理单位：
单位：m

桥墩台桩号	坐标		实测标高	设计标高	偏差	备注
	X	Y				

项目4 桥梁工程施工测量放样

放样草图	主要操作步骤
实训总结	
任务得分	

1.3 学习效果评价反馈

学习效果评价反馈表见表4-2。

表 4-2 学习效果评价反馈表

班级：　　　　　　学号：　　　　　　姓名：　　　　　　组别：

任务名称	桥墩台及基础标高放样				
问题	教师评价				
^	极不满意	不满意	一般	满意	非常满意
^	1	2	3	4	5
1. 能准确运用所学知识完成该任务					
2. 能够积极主动查阅资料完成任务、语言表述清晰					
学生自评总分	教师评价总分				

学生对该教学方法的意见：

对完成任务的意见：

注：如对项目设置、教师在引导项目完成过程中的表现及完成项目有好的建议，请填写"对完成任务的意见"。

任务 2　桥梁细部施工放样及墩台竣工测量

学习目标

1. 学会桥梁细部施工放样及墩台竣工测量；
2. 能够使用全站仪进行桥墩台桩位的放样；
3. 掌握桥墩台桩位的放样过程。

任务描述

通过多媒体资源和教师讲解，使学生能够使用全站仪进行桥墩台桩位的放样和计算。

项目4 桥梁工程施工测量放样

本学习任务沿着以下路线进行学习。

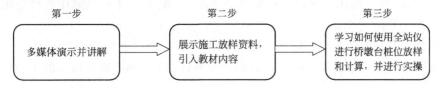

2.1 任务支撑知识

桥梁细部施工放样内容很多，不同结构形式放样方法也各异，下面主要叙述桥梁墩台细部的放样以及架梁时的测量。

2.1.1 桥梁细部施工放样

（1）明挖基础的施工放样　在地基较好、基础不深的情况下，常常采用明挖基础。在基础开挖前，应首先根据基底尺寸，开挖深度、放坡情况等计算出原地面的开挖边线，然后根据墩台中心及其纵横轴线即可放出基坑的边线。当基坑开挖到设计标高以后，应进行基底平整或基底处理，再在基底上放出墩台中心及其纵横轴线，作为安装模板、灌注混凝土基础及墩身的依据。

注意基坑底部尺寸应根据实际情况较设计尺寸每边增加 50～100cm 的富余量，以便于支撑、排水与立模板。

基础或承台模板中心偏离墩台中心不得大于±2cm，墩身模板中心偏离不得大于±1cm；墩台模板限差为±2cm，模板上同一高程的限差为±1cm。

（2）桩基础的施工放样　在墩基础的中心及纵横轴线已经测设完成的情况下，可以纵横轴线为坐标轴，根据设计提供的桩与墩中心的相对位置，用支距法放出各桩的中心位置，其限差为±2cm，如图 4-5 所示。放出的桩位经复核后方可进行施工。对于单排桩，桩数较少，也可根据已知资料，以极坐标法放样。水中桩位或沉井位置的放样，可参照水中墩位的施工放样方法，在水中平台、围图或围堰等构造中定测桩或沉井的位置，经复测后方可进行基础施工。

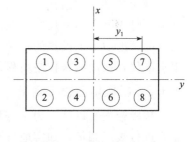

图 4-5　纵横轴线坐标图

（3）桥梁墩台的细部放样　墩身和台身的细部放样，也是主要以它的纵横轴线为依据，在立模板的外面需要预先画出它的中心线，然后在纵横轴线的护桩上架设经纬仪，照准该轴线方向上的另一护桩，根据这一方向校正模板的位置，直至模板中心线位于视线的方向上。

在施工过程中，经常要利用护桩恢复墩、台的纵横轴线，即在墩、台身一侧的护桩上架设经纬仪，照准另一侧的护桩。但墩身筑高以后，视线被阻，就无法进行，此时，可在墩身尚未阻挡视线以前，将轴线方向用油漆标记在已成的墩身上，以后恢复轴线时可在护桩上架设仪器，照准这个标志即可。

如果桥墩位于水中，无法标示出桥墩的纵横轴线时，可用全站仪（或光电测距仪）或交会法恢复墩中心的位置。在用光电测距仪时，墩的横轴线方向是利用桥轴线的控制桩来确定的。在桥轴线一端的控制桩上安置仪器，照准另一端的控制桩，则视线方向即为桥轴线方向，也是墩的横轴线方向（直线桥）。在此视线方向上，于墩中心附近前后各找出一点 a_1 和 a_2 安置反光镜，测出反光镜至控制桩的距离 d_1 和 d_2，于两点间用钢尺定出墩中心的位置，如图 4-6 所示。

利用交会法测设墩中心时，同前所述，应至少选三个以上的方向进行交会。误差三角形最大边在墩的下部不超过 25mm，在墩的上部不超过 15mm，取三角形的重心作为墩中心的位置。

在墩、台帽模板安装到位后应再一次进行复测，确保墩、台帽位置符合设计要求。模板位置中心的偏差不得大于 1cm，并在模板上标出墩顶标高，以便控制灌注混凝土的标高。当混凝土灌注至墩帽顶部时，在墩的纵横轴线及墩的中心处，可埋设中心标志，在纵轴线两侧的上下游埋设两个水准点，并测定出中心标志的坐标和水准点的高程，作为大致安置支撑垫石的参考依据，如图 4-7 所示。对于支座垫石的位置及高程的确定，由于牵涉桥梁荷载的设计和传递，应慎重对待，必须重新对其进行测量、放样，以避免误差的累积。

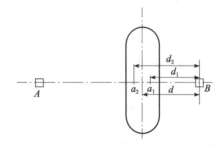

图 4-6　利用全站仪测定出墩中心位置

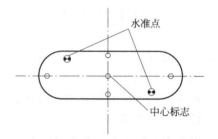

图 4-7　在墩顶埋设中心及水准点标志

墩台各部分的高程，一般是通过设在墩、台身或围堰上的临时水准点来控制的，可直接由临时水准点用钢尺向上或向下量取距离来确定所需的高程，也可以采用水准仪，从已浇筑的邻近墩台上设置的临时水准点测量来控制。但是在墩台顶的最后施工阶段，应该采用水准仪直接施测来控制高程。

2.1.2　桥梁墩台竣工测量

桥墩台竣工以后，为了查明墩台的各主要部分的平面位置和高程是否符合设计要求，需要进行竣工测量，如实地将墩台完工部分的实际位置和尺寸测绘出来。为下一阶段桥梁上部构造的定位和安装提供可靠的原始数据。竣工测量的主要内容有：测定各墩台中心的实际坐标及其间距，进行检查性的水准测量，检查垫石及墩帽各处的高程、丈量墩台各部分的尺寸。当布有桥梁三角网时，可以用三角测量的方法来测算桥墩中心的坐标。

为此可以将每一桥墩与其最近的两个三角点至少连接成两个三角形，如图 4-8 所示，最小的角度不得小于 25°～30°，三角形的内角采用不低于 2″级的经纬仪或者全站仪观测 3～4 个测回。三角形平差后计算出中心坐标，再根据坐标求出桥墩中心间距，与设计值相比较，并按下式评定观测精度：

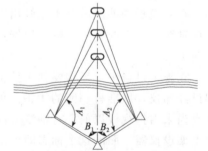

图 4-8　桥梁墩台中心坐标测算示意图

$$m = \pm\sqrt{\frac{[\Delta\Delta]}{n}} \quad (4\text{-}1)$$

式中 Δ——实际距离与设计距离之差;

n——间隔数目。

如果用前方交会法放样桥墩中心的中误差为1.5cm,则两桥墩间距离的中误差应不超过$1.5\sqrt{2}\approx2$(cm)。

检查性的水准测量,应自一岸的永久水准点经过桥墩闭合到对岸的永久水准点,其高程闭合差应不超过下列公式所计算的数值:

$$f_{\mathrm{h}} = \pm 4\sqrt{n} \text{(mm)} \quad (4\text{-}2)$$

式中 n——测站数目。

在进行这种水准测量时,应测定墩顶水准点、拱座或垫石顶面的高程,以及墩顶其他各点的高程。

桥墩细部测量是根据桥墩的纵横轴线进行的,主要是丈量拱座或垫石的尺寸和位置以及墩顶的长和宽。这些尺寸对于设计数据的偏差不应超过2cm。

最后,根据上述竣工测量的资料编绘墩台竣工图、墩台中心距离一览表、墩顶水准点高程一览表等,为桥梁上部结构的安装和架设提供可靠的原始数据。

2.1.3 桥梁上部结构的放样和施工观测

桥梁上部的结构形式很多,在一般的公路工程中多采用梁桥或拱桥。梁桥上部施工放样,主要是根据墩帽上已有的纵横轴线放样支承垫石(或支座垫石)安装支座,并标定各梁的中线位置,在安装过程中用仪器控制和检查其平面及高程位置。

桥梁上部结构的施工与安装以拱桥较为复杂,而且拱桥类型较多,施工方法多样,故在此不一一叙述。

梁体具体施工过程中的测量工作有:

① 对大跨度钢桁架或连续梁采用悬臂或半悬臂安装架设的桥梁,在拼装架设前,应在梁顶部和底部分中点作出标志,架梁时用以测量梁体中心线与桥梁中心线的偏差值。在梁的拼装开始后,应通过不断的测量,保证梁体在正确的平面位置上。高程控制一般以大节点挠度、整跨拱度为主要控制。对需要在跨中合龙的桥梁,合拢前的控制重点应放在两端悬臂的相对位置上。

② 对于预制安装的箱梁、板梁、T梁等,测量的主要工作在于平面位置的控制上。在架设前,应在梁顶部和底部分中点作出标志,架梁时用以测量梁体中心线与支座中心线的偏差值。在梁体安装基本到位后,应通过不断的微调保证梁体在正确的平面位置上。

③ 对于支架现浇的梁体结构,测量的主要工作在于高程的控制上。对于支架预压前后的高程应进行连续测量,以测得弹性变形,消除塑性变形;同时应根据设计保留一定的预拱度。在梁体现浇的过程中,应对支架的变形进行跟踪测量,如果变形过大,则应暂停施工,并采用相应的措施。

④ 对于悬臂施工的梁体结构,测量的主要工作在于高程的控制上。对于挂篮预加荷载前后的高程应进行测量,测得弹性变形,消除塑性变形;同时在不同节段浇筑前,应根据施工图中不同节段预拱度的设计值,并结合已浇筑的前一节段的高程,调整相应的预拱度,使合龙前两端悬臂的相对位置满足要求,没有积累误差。

2.2 任务技能训练

2.2.1 目的
(1) 学会桥梁细部施工放样及墩台竣工测量。
(2) 能够使用全站仪进行桥墩台桩位的放样。
(3) 掌握桥墩台桩位的放样过程。

2.2.2 仪器与工具
由仪器室借领：全站仪1台、棱镜1个、花杆2个、记录板1块、记录表格2张。

2.2.3 步骤与方法
按照《公路工程施工测量实训手册》实训任务11操作要求步骤进行操作。

2.2.4 实训报告
根据实际放样过程和放样实测数据填写桥墩台及基础桩位标高放样记录表（表4-3）。

表 4-3 桥墩台及基础桩位标高放样记录表

施工单位：
监理单位：

项目名称	桥墩		范围					
桥墩台桩号	设计值/m		实测值/m		偏差/mm			备注
	X	Y	X	Y	ΔX	ΔY	$\sqrt{\Delta X^2 + \Delta Y^2}$	
								浇筑或安装应附构件控制点位置布置图及测量原始数据记录
计算数据	测站点坐标 X： ，Y：							全站仪型号
	后视点坐标 X： ，Y：							
	距离 $AB=$ （m）							
	实测距离 $AB_S=$ （m）							

测量： 记录： 监理工程师： 日期：

放样草图	主要操作步骤
实训总结	
任务得分	

2.3 学习效果评价反馈

学习效果评价反馈表见表 4-4。

表 4-4 学习效果评价反馈表

班级：　　　　　学号：　　　　　姓名：　　　　　组别：

任务名称	桥梁细部施工放样及墩台竣工测量				
问题	教师评价				
	极不满意	不满意	一般	满意	非常满意
	1	2	3	4	5
1. 能准确运用所学知识完成该任务					
2. 能够积极主动查阅资料完成任务、语言表述清晰					
学生自评总分	教师评价总分				

学生对该教学方法的意见：

对完成任务的意见：

注：如对项目设置、教师在引导项目完成过程中的表现及完成项目有好的建议，请填写"对完成任务的意见"。

知识拓展

涵洞放样

对于涵洞，设计资料一般会给出中心桩号、斜交角、涵洞长等，根据这些资料，可以测设涵洞中心桩以及轴线。涵洞施工中的测量工作主要是测设涵洞中心桩位以及涵洞轴线方向，下面就这两个问题作一简单讨论。

1. 涵洞基础定位

涵洞基础定位即测设涵洞中心桩。通常可以利用离桥涵最近的已经测设的中桩位置，计算涵洞中心到前后中桩的距离，采用直接丈量的方法测设。对于附近有可以利用的导线点时，也可利用路线附近的导线，根据计算的涵洞中心坐标，计算距离和夹角。采用极坐标的放样方法测设涵洞中心，如图4-9所示，将经纬仪安置在导线点 A 上，后视控制点 B，然后将照准部旋转 θ 角，即为涵洞中心所在方向，在此方向上从 A 点开始量取水平距离 L 所得就是要测设的涵洞中心。

2. 涵洞轴线测量

根据涵洞轴线与路线方向是否垂直，涵洞分为正交涵洞与斜交涵洞。

对于正交涵洞，在涵洞中心位置确定以后，可利用方向架确定其轴线方向，或者将经纬仪架设在涵洞中心桩处，后视路线方向，盘左、盘右旋转90°（或270°），取其平均位置，即为涵洞轴线方向。为了方便在施工过程中恢复轴线，一般在轴线方向设立护桩，如图4-9所示。对于斜交涵洞，可将经纬仪架设在涵洞中心桩处，后视路线方向，盘左、盘右旋转一个角度为斜交角 ϕ（或 $180°-\phi$），取其平均位置，即为涵洞轴线方向。

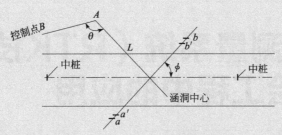

图4-9 涵洞中心桩位及轴线测设

如果附近有导线点可以利用，也可根据设计资料，确定轴线上某两点 a 和 b（即确定涵洞中心沿轴线到 a、b 的距离，a、b 应在涵洞边线外侧）的坐标，则 a（或 b）与两个导线点形成一个夹角，计算夹角和距离，然后可以用极坐标的方法测设。

练习题

1. 简述涵洞基础定位的放样步骤。
2. 简述涵洞轴线放样的步骤。

项目5

GPS测量系统（RTK技术）在测绘工程中的应用

学习要点

GPS 测量系统的基本知识、GPS 技术的特点、GPS 的基本操作过程；了解 RTK 技术的基本原理和特点；使用 RTK 进行基本操作；用 RTK 技术进行地形图测绘。

核心技能

能够描述 GPS 测量系统原理，能够利用 RTK 技术进行点的测绘。

任务 1　GPS 测量系统简介与操作

学习目标

1. 能够描述 GPS 的原理与特点；
2. 能够描述影响 GPS 测量结果的因素；
3. 掌握 RTK 的基本操作步骤。

项目5　GPS测量系统（RTK技术）在测绘工程中的应用

任务描述

通过多媒体资源和教师讲解，使学生能知道 GPS 的原理与特点，利用室外讲解，掌握 RTK 的基本使用方法，通过训练熟练操作仪器。

学习引导

本学习任务沿着以下路线进行学习。

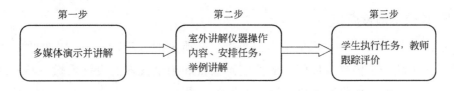

1.1　任务支撑知识

1.1.1　RTK 技术基本知识

全球定位系统（global positioning system，GPS）是由美国国防部联合美国海、陆、空三军为满足其军事导航定位而建立的无线电导航定位系统。该系统从 1973 年开始研究，到 1993 年完成全部工作卫星组网工作。该系统由 24 颗卫星组成，卫星分布在相隔 60°的 6 个轨道面上（图 5-1），轨道倾角 55°，卫星高度 20200km，卫星运行周期 11 时 58 分，这样在地球上任何地点、任何时间都可以接收至少 4 颗卫星运行定位。由于 GPS 具有实时提供三维坐标的能力，因此在民用、商业、科学研究中也得到了广泛应用。它不仅具有全球性、全天候、连续的精密三维导航与定位能力，而且具有良好的抗干扰性和保密性。从静态定位到快速定位、动态定位，GPS 技术已广泛应用于测绘工作中。

对于我们所熟知 GPS，可以说它是测量史上的一次变革，它为我们提供了全天候、高精度、高效率的测量方法。但是 GPS 也有它自己的不足之处，比如说作业时间长、数据要进行内业处理等。

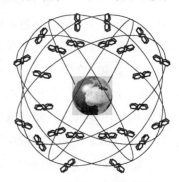

图 5-1　GPS 卫星分布图

RTK（real time kinematic）技术是以载波相位测量与数据传输技术相结合的以载波相位测量为依据的实时差分 GPS 测量技术，是 GPS 测量技术发展里程中的一个标志，是一种高效的定位技术。它是利用 2 台以上 GPS 接收机同时接收卫星信号，其中一台安置在已知坐标点上作为基准站，另一台用来测定未知点的坐标——移动站，基准站根据该点的准确坐标求出其到卫星的距离改正数并将这一改正数发给移动站，移动站根据这一改正数来改正其定位结果，从而大大提高定位精度。它能够实时地提供测站点指定坐标系的三维定位结果，并达到厘米级精度。RTK 技术根据差分方法的不同分为修正法和差分法。修正法是将基准站的载波相位修正值发送给移动站，改正移动站接收到的载波相位，再解求坐标；差分法是将基准站采集到的载波相位发送给移动站，进行求差，解算坐标。RTK 的关键技术主要是初始整周期模糊度的快速解算数据链的优质完成——实现高波特率数据传输的高可靠性和强抗干扰性。

RTK 系统主要由三大部分组成：①基准站接收机；②数据链；③移动站接收机。

RTK 系统正常工作要具备以下三个条件：

第一，基准站和移动站同时接收到 5 颗以上 GPS 卫星信号；

第二，基准站和移动站同时接收到卫星信号和基准站发出的差分信号；

第三，基准站和移动站要连续接收 GPS 卫星信号和基准站发出的差分信号，即移动站迁站过程中不能关机、不能失锁，否则 RTK 须重新初始化。

1.1.2 RTK 技术的特点

(1) 工作效率高　在一般的地形地势下，高质量的 RTK 设站一次即可测完 4km 半径的测区，大大减少了传统测量所需的控制点数量和测量仪器的设站次数，移动站一人操作即可，劳动强度低，作业速度快，提高了工作效率。

(2) 定位精度高　只要满足 RTK 的基本工作条件，在一定的作业半径范围内（一般为 4km）RTK 的平面精度和高程精度都能达到厘米级。

(3) 全天候作业　RTK 测量不要求基准站、移动站间光学通视，只要求满足"电磁波通视"，因此和传统测量相比，RTK 测量受通视条件、能见度、气候、季节等因素的影响和限制较小，在传统测量看来难于开展作业的地区，只要满足 RTK 的基本工作条件，它也能进行快速的高精度定位，使测量工作变得更容易、更轻松。

(4) RTK 测量自动化、集成化程度高，数据处理能力强　RTK 可进行多种测量内、外业工作。移动站利用软件控制系统，无须人工干预便可自动实现多种测绘功能，减少了辅助测量工作和人为误差，保证了作业精度。

(5) 操作简单，易于使用　现在的仪器一般都提供中文菜单，只要在设站时进行简单的设置，就可方便地获得二维坐标。数据输入、存储、处理、转换和输出能力强，能方便地与计算机、其他测量仪器通信。

1.1.3 影响 RTK 作业的因素

RTK 的作业需要避免一些不利因素的影响，而造成这些影响的主要原因是源于整个 GPS 系统的局限性。

GPS 依靠的是接收从地面以上约两万公里的卫星发射来的无线电信号。相对而言，这些信号频率高、功率低，不易穿透可能阻挡卫星和 GPS 接收机之间视线的障碍物。事实上，存在于 GPS 接收机和卫星之间路径上的任何物体都会对系统的操作产生不利的影响。有些物体如房屋，会完全屏蔽卫星信号。因此，GPS 不能在室内使用。同样的道理，GPS 也不能在隧道内或水下使用。有些物体如树木会部分阻挡、反射或折射信号。GPS 信号的接收在树林茂密的地区会很差。树林中有时会有足够的信号来计算概略位置，但信号清晰度难以达到厘米水平的精确定位。因此，GPS 在林区也有一定的局限性，但并不意味着 GPS 只能用于四周相对开阔的地区。GPS 测量在部分障碍的地区也可以是有效而精确的，这是因为 GPS 要实现精确可靠的定位必需 5 颗适当分布的卫星，而一般情况下在任何时间、任何地区都可能会有 7~10 颗 GPS 卫星。有障碍物的地点只要可以观测到至少 5 颗卫

项目5 GPS测量系统（RTK技术）在测绘工程中的应用

星，就有可能进行 GPS 测量。在树林或大楼四周做测量时，只要该地留有足够的开放空间，使 GPS 系统可观测到至少 5 颗卫星，GPS 测量就能完成。

RTK 作业的另一个不利因素来源于 RTK 传输数据链本身。RTK 数据链的工作与周围的电磁环境以及作用距离都有较大的关系。

RTK 定位时要求基准站接收机实时地把观测数据（伪观测值，相位观测值）及已知数据传输给流动站接收机，而 RTK 电台功率为 25W，因此基准站与移动站之间不能有大的障碍物。

根据经验值，RTK 作用距离与基准站架设高度的关系见表 5-1。

表 5-1 RTK 作用距离与基准站架设高度的关系

高度/m	典型距离/km	理想距离/km
>30	9～11	10～12
20	7～9	8～10
10	5～7	6～8
2	3～5	4～6

注：典型距离指一般的电磁条件下的作用距离。理想距离指卫星、大气、电磁条件好的情况下。

考虑到以上因素在基准站架设时应当选择较好的已知点点位，用户应注意使观测站位置具有以下条件：

① 在 10°截止高度角以上的空间不应有障碍物。

② 邻近范围不应有强电磁辐射源，比如电视发射塔、雷达电视、手机信号发射天线等，以免对 RTK 电信号造成干扰，其距离不得小于 200m。

③ 基准站最好选在地势相对高的地方以满足电台的作用距离。

④ 地面稳固，易于点的保存。

注：用户如果在树木等对电磁传播影响较大的物体下设站，当接收机工作时，接收的卫星信号将产生畸变。

1.1.4 RTK 的基本作业过程

（1）启动基准站 将基准站架设在上空开阔、没有强电磁干扰、多路径误差影响小的控制点上，正确连接好各仪器电缆，打开各仪器。将基准站设置为动态测量模式。

（2）建立新工程，定义坐标系统 新建一个工程，即新建一个文件夹，并在这个文件夹里设置好测量参数（如椭球参数、投影参数等）。这个文件夹中包括许多小文件，它们分别是测量的成果文件和各种参数设置文件，如 *.dat、*.cot、*.rtk、*.ini 等。

（3）点校正 GPS 测量的为 WCS-84 系坐标，而我们通常需要的是在流动站上实时显示国家坐标系或地方独立坐标系下的坐标，这需要进行坐标系之间的转换，即点校正。点校正可以通过两种方式进行。

① 在已知转换参数的情况下。如果有当地坐标系统与 WCS-84 坐标系统的转换七参数，则可以在测量控制器中直接输入，建立坐标转换关系。如果操作是在国家大地坐标系统下进行，而且知道椭球参数和投影方式以及基准点坐标，则可以直接定义坐标

系统，建议在 RTK 测量中最好加入 1～2 个点校正，避免投影变形过大，提高数据可靠性。

② 在未知转换参数的情况下。如果在局域坐标系统中工作或任何坐标系统进行测量和放样工作，可以直接采用点校正方式建立坐标转换方式，平面至少要有 3 个点；如果进行高程拟合则至少要有 4 个水准点参与点校正。

（4）流动站开始测量

① 单点测量。在主菜单上选择【测量】图标打开，测量方式选择【RTK】，再选择【测量点】选项，即可进行单点测量。注意要在"固定解"状态下，才开始测量。单点测量观测时间的长短与跟踪的卫星数量、卫星图形精度、观测精度要求等有关。当【存储】功能键出现时，若满足要求则按【存储】键保存观测值，否则按【取消】键放弃观测。

② 放样测量。在进行放样之前，根据需要"键入"放样的点、直线、曲线、DTM 道路等各项放样数据。当初始化完成后，在主菜单上选择【测量】图标打开，测量方式选择【RTK】，再选择【放样】选项，即可进行放样测量作业。在作业时，在手簿控制器上显示箭头及目前位置到放样点的方位和水平距离，观测值只需根据箭头的指示放样。当流动站距离放样点距离小于设定值时，手簿上显示同心圆和十字丝分别表示放样点位置和天线中心位置。当流动站天线整平后，十字丝与同心圆圆心重合时，这时可以按【测量】键对该放样点进行实测，并保存观测值。

1.2 任务技能训练

1.2.1 目的

(1) 掌握 GPS 测量系统的基本知识。
(2) 了解 GPS 技术的特点。
(3) 掌握 GPS 测量的基本操作过程。

1.2.2 仪器与工具

铅笔、计算器、计算用纸等。

1.2.3 内容与要求

(1) 了解 GPS 测量系统的基本原理和特点。
(2) 能够应用 RTK 技术进行基本操作。

1.2.4 参考资料

《公路工程施工测量》教材，听教师介绍仪器操作。

1.2.5 成果形式

自己绘制 GPS 测量系统的工作原理图。

1.3 学习效果评价反馈

学习效果评价反馈表见表 5-2。

项目5　GPS测量系统（RTK技术）在测绘工程中的应用

表 5-2　学习效果评价反馈表

班级：　　　　学号：　　　　姓名：　　　　组别：

任务名称	GPS测量系统简介与操作				
问题	教师评价				
	极不满意	不满意	一般	满意	非常满意
	1	2	3	4	5
1. 能准确运用所学知识完成该任务					
2. 能够积极主动查阅资料完成任务、语言表述清晰					
学生自评总分	教师评价总分				

学生对该教学方法的意见：

对完成任务的意见：

注：如对项目设置、教师在引导项目完成过程中的表现及完成项目有好的建议，请填写"对完成任务的意见"。

任务 2　RTK 技术在测绘工程中的应用

学习目标

1. 能够利用 RTK 技术进行点的测绘；
2. 掌握 RTK 的界面操作方法。

任务描述

通过多媒体资源和教师讲解，使学生能知道 RTK 的原理与特点，利用室外讲解，掌握 RTK 的基本使用方法，通过训练熟练操作仪器。

学习引导

本学习任务沿着以下路线进行学习。

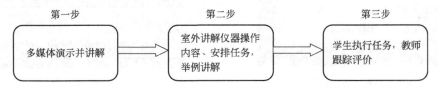

2.1 任务支撑知识

测量菜单包含测量和放样方面的内容，主要有八个子菜单：点测量、自动测量、控制点测量、PPK 测量、点放样、直线放样、曲线放样、道路放样。本部分主要介绍测绘工作需要掌握的内容，包括点测量、自动测量和控制点测量，如图 5-2 所示。

图 5-2 测量下拉列表

说明：测量菜单操作的默认前提要求 GPS 主机处于固定解的状态。测量过程中需要注意软件当前所处的状态。

2.1.1 倾斜补偿

对于安装有倾斜传感器的 GPS 主机，在立杆条件比较恶劣的地方可以通过倾斜补偿来提高数据采集效率。

水平、磁场校准操作，如图 5-3～图 5-12 所示。

单击图 5-3 右上角快捷菜单上的电子气泡快捷按钮，进入校准界面。

单击图 5-4【气泡校准】进行水平校准。进行气泡校准时，请务必按照要求进行操作。

图 5-3 电子气泡快捷按钮

图 5-4 校准及设置

项目5　GPS测量系统（RTK技术）在测绘工程中的应用

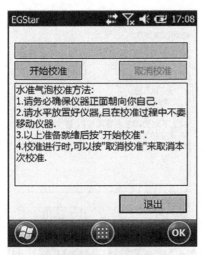

图 5-5　气泡校准

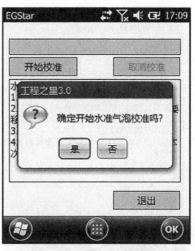

图 5-6　开始气泡校准

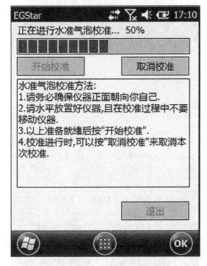

图 5-7　气泡校准中

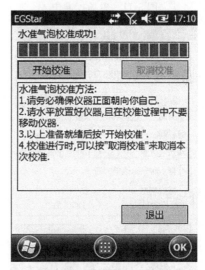

图 5-8　气泡校准完成

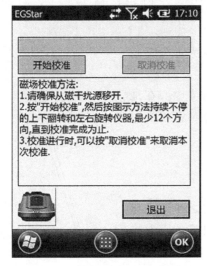

图 5-9　磁场校准

图 5-10　开始磁场校准

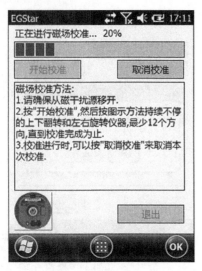
图 5-11　磁场校准中

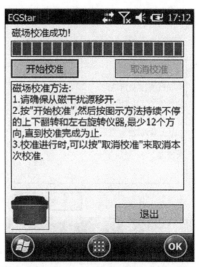
图 5-12　磁场校准完成

图 5-13　倾斜测量设置

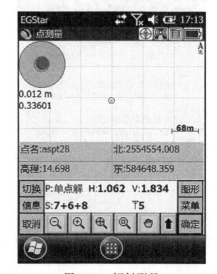
图 5-14　倾斜测量

倾斜测量模式，如图 5-13、图 5-14 所示。

杆尖模式：通过补偿计算，得出杆尖所在 A 点大地坐标及平面坐标。

顶部模式：通过补偿计算，得出主机头天线相位中心在地面的投影点 C 点大地坐标及平面坐标。图 5-15 为倾斜测量示意图。

2.1.2　点测量

操作：【测量】→【点测量】，如图 5-16 所示。

在测量显示界面下面有四个显示按钮，在工程之星 3.0 里面，这些按钮的显示顺序和显示内容是可以根据自己的需要来设置的（测量的存储坐标是不会改变的）。单击显示按钮，左边会出现选择框，选择需要显示的内容即可。这里能够显示的内

图 5-15　倾斜测量

项目5 GPS测量系统(RTK技术)在测绘工程中的应用

容主要有:点名、北坐标、东坐标、高程、天线高、航向和速度。例如需要在第一排第二个显示东坐标,点击第二个显示按钮,如图 5-17 所示。

图 5-16 点测量

图 5-17 显示选择

在点测量的测量界面最下面有 6 个按钮,前 5 个按钮都有两项功能,按 可以改变。

对窗口显示内容进行缩小。

对窗口显示内容进行放大。

对窗口显示内容全部显示。

对窗口显示内容局部显示或放大。

对窗口显示内容进行移动。

说明:以上 5 项,当点击了右边的【图形】按钮,显示界面为图形界面的时候功能一样。点击 会出现另外 5 个菜单。

保存 保存按钮,对当前点进行储存,和按【A】键存储一样的效果。

偏移 偏移存储。

平滑 平滑存储,设置平滑存储次数。

查看 查看已测量的点。

选项 选项按钮,修改屏幕缩放方式,有自动和手动两种方式。

点击 图形 ,进入图形显示界面,包括以下几个子选项。

撤销 撤销上一步操作。

重复 重复上一步操作。

设置 主要是图形的显示设置,详见"新建工程/工程设置"。

查看 主要查看和编辑测量点。

选项 主要是设置撤销重复的步长。

按【A】键，存储当前点坐标，输入天线高，如图 5-18 所示。继续存点时，点名将自动累加，在图 5-18 的界面中可以看到高程值为"26.564"，这里看到的高程为天线相位中心的高程，当这个点保存到坐标管理库里以后软件会自动减去 2m 的天线杆高，再打开坐标管理库看到的该点的高程即为测量点的实际高程。连续按两次【B】键，可以查看已测量坐标（图 5-19）。点击 平滑 可以对平滑存储进行设置（图 5-20）。

图 5-18　点存储

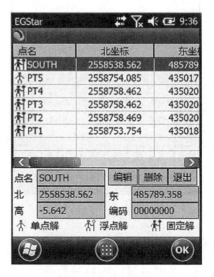
图 5-19　坐标查看

在【配置】—【工程设置】—【存储】里把存储类型设为"平滑存储"（图 5-21），就可以在此点"测量"时，进行平滑存储了。

图 5-20　平滑存储设置

图 5-21　平滑存储

2.1.3　自动测量

操作：【测量】→【自动存储】。

自动存储功能将按照设定记录条件自动记录坐标，存储类型可分为"按时间"记录和

项目5　GPS测量系统（RTK技术）在测绘工程中的应用

"按距离"记录两种。点击下方的【设置】按钮，例如在图 5-22 中"按时间"存储设定为每 10s 记录一个点，设置好记录条件后，点击【确定】，退出，然后点击开始就开始记录，点击停止将结束自动存储（图 5-23）。

图 5-22　自动存储设置

图 5-23　自动存储

2.1.4　控制点测量

目前 RTK 技术可应用于一、二级导线测量，图根导线测量和图根高程测量。由于 RTK 数据有一定的偶然性，所以加入控制点测量这一功能，可提高数据的可靠性。

操作：【测量】→【控制点测量】。

点击【设置】对控制点测量进行参数设置，如图 5-24、图 5-25 所示。各参数说明点击【帮助】查看，如图 5-26 所示。报告生成如图 5-27～图 5-29 所示。

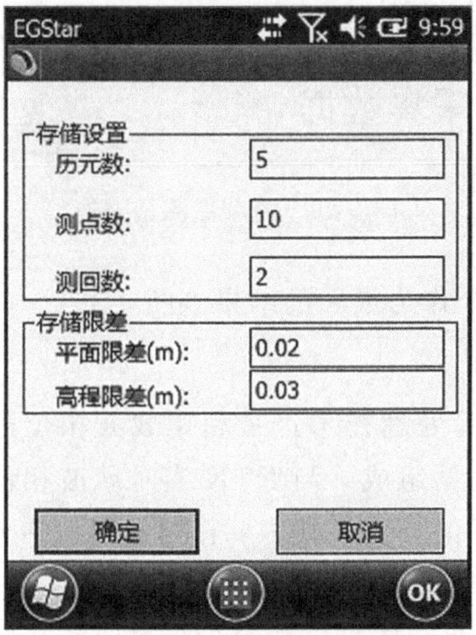

图 5-24　控制点测量设置

图 5-25　控制点测量（一）

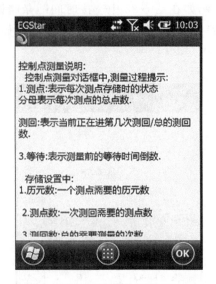

图 5-26　帮助查看

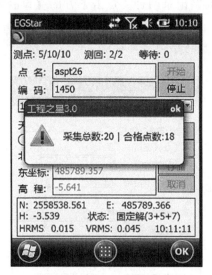

图 5-27　控制点测量（二）

图 5-28　报告存储

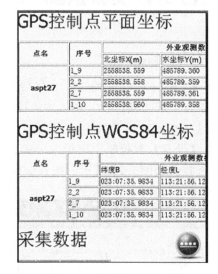

图 5-29　控制点测量报告

成果报告：报告中按正态分布将采集的点取四个作为最后的结果（图 5-30）。

2.1.5　PPK 测量

PPK（post processing kinematic）技术即动态后处理技术，是利用载波相位进行事后差分的 GPS 定位技术，其系统也是由基准站和流动站组成。与 RTK 实时载波相位差分定位技术既有共同点也有不同点，可以作为 RTK 技术的补充，其主要作业过程包括外业数据观测和内业数据处理。

PPK 的工作原理：利用进行同步观测的一台基准站接收机和至少一台流动接收机对卫星的载波相位观测量；事后在计算机中利用 GPS 处理软件进行线性组合，形成虚拟的载波相位观测量值，确定接收机之间厘米级的相对位置；然后进行坐标转换得到流动站在地方坐标系中的坐标。采集过程如图 5-31～图 5-33 所示。

GPS控制点测量报告(V2014)

控制点名：**aspt27**

本次控制点测量测点合格率为：75 %

天线高：2.11米

观测时间：211秒

GPS控制点平面坐标

点名	序号	外业观测数据			坐标均值		
		北坐标X(m)	东坐标Y(m)	高程(m)	北坐标X(m)	东坐标Y(m)	高程(m)
aspt27	1_9	2558538.559	485789.360	-5.647	2558538.559	485789.360	-5.651
	2_2	2558538.558	485789.359	-5.650			
	2_7	2558538.559	485789.361	-5.665			
	1_10	2558538.560	485789.358	-5.643			

GPS控制点WGS84坐标

点名	序号	外业观测数据			坐标均值		
		纬度B	经度L	椭球高H(m)	纬度B	经度L	椭球高H(m)
aspt27	1_9	023:07:35.9834	113:21:56.1279	26.079	023:07:35.9834	113:21:56.1279	26.075
	2_2	023:07:35.9833	113:21:56.1279	26.076			
	2_7	023:07:35.9834	113:21:56.1280	26.061			
	1_10	023:07:35.9834	113:21:56.1279	26.083			

图 5-30 控制点测量报告成果

图 5-31 采集设置

图 5-32 开始采集

手簿采集的 PPK 测量数据保存在该工程的 Data 文件夹里，名字为 EGPPK_EGrtk，工程名如图 5-34 所示，用于后续处理。

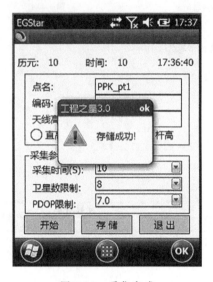
图 5-33 采集完成

图 5-34 文件存储

2.2 任务技能训练

2.2.1 目的

（1）能够利用 RTK 进行地形图测绘。

（2）掌握 RTK 的界面操作。

2.2.2 仪器与工具

（1）每小组到仪器室借领：RTK 2 台，三脚架 1 个，对中杆 1 个。

（2）自备：铅笔、计算器、计算用纸等。

2.2.3 内容与要求

（1）了解 RTK 技术的基本原理和特点。

（2）能够使用 RTK 进行基本操作。

（3）能够用 RTK 技术进行地形图测绘。

（4）完成《公路工程施工测量实训手册》实训任务 12 的技能训练。

2.2.4 参考资料

《公路工程施工测量》教材，听教师介绍仪器操作。

2.2.5 成果形式

（1）现场检查学生操作仪器熟练程度，并填写表 5-3。

表 5-3 仪器操作评定表

检查项目	时间	扣分	总得分
RTK 操作			

（2）完成《公路工程施工测量实训手册》实训任务 13 的实训报告。

2.3 学习效果评价反馈

学习效果评价反馈表见表 5-4。

表 5-4 学习效果评价反馈表

班级：　　　　　学号：　　　　　姓名：　　　　　组别：

任务名称	RTK 技术在测绘工程中的应用				
问题	教师评价				
	极不满意	不满意	一般	满意	非常满意
	1	2	3	4	5
1. 能准确运用所学知识完成该任务					
2. 能够积极主动查阅资料完成任务、语言表述清晰					
学生自评总分	教师评价总分				

学生对该教学方法的意见：

对完成任务的意见：

注：如对项目设置、教师在引导项目完成过程中的表现及完成项目有好的建议，请填写"对完成任务的意见"。

项目6

RTK在公路工程施工测量中的应用

学习要点

RTK 的基本操作过程、利用 RTK 技术进行道路设计和道路放样。

核心技能

能够利用 RTK 进行公路工程的放样。

任务 1　利用 RTK 技术进行公路设计

学习目标

1. 能够描述 RTK 的原理与特点；
2. 能够利用 RTK 技术进行道路设计；
3. 掌握 RTK 的界面操作。

任务描述

通过多媒体资源和教师讲解，使学生能知道 RTK 的原理与特点，利用室外讲解，掌握

项目6 RTK在公路工程施工测量中的应用

RTK 的基本使用方法,通过训练熟练操作仪器。

学习引导

本学习任务沿着以下路线进行学习。

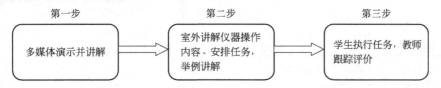

1.1 任务支撑知识

"道路设计"功能是道路图形设计的简单工具,标准道路一般是由直线、圆曲线和综合曲线组合而成。修建公路之前,首先设计单位需要设计出公路的《直曲表》,就是该条公路的参数数据,然后勘测方会根据该《直曲表》进行勘察放样工作,勘察放样前就需要使用"道路设计"功能,将设计方提供的《直曲表》在软件中输入生成道路设计文件,使用该道路设计文件进行勘测放样作业。道路设计菜单包括两种道路设计模式:元素模式和交点模式。

"道路设计"功能是道路图形设计的简单工具,即根据线路设计所需要的设计要素按照软件菜单提示录入后,软件按要求计算出线路点坐标并绘制线路走向图形。道路设计菜单包括两种平面道路设计模式:元素模式和交点模式;两种纵面道路设计模式:抛物线竖曲线和圆曲线竖曲线。图 6-1 为道路设计内容。

1.1.1 平曲线设计

(1)元素模式 "元素模式"是道路设计里面惯用的一种模式,它是将道路线路拆分为各种道路基本元素(点、直线、缓和曲线、圆曲线等),并按照一定规则把这些基本元素逐一添加组合成线路,从而达到设计整段道路的目的。

步骤依次为:进入道路设计的元素模式,进入数据录入对话框。

图 6-1 道路设计内容

"间隔"为生成线路点坐标的间隔;"整桩号""整桩距"是生成坐标的方式;"里程"为起始点里程。在添加各种元素数据之前,需要【新建】文件或者【打开】文件(图 6-2)。元素模式的文件格式后缀名为 rod,如果没有新建或者打开已有文件,系统会提示:"数据文件名为空,请新建或打开文件!"(图 6-3)。

【新建】文件或者【打开】文件后即可按要求添加元素数据了,要素输入框见图 6-4。

道路元素分为:点、直线、缓曲线、圆曲线。各种元素的组合要遵循道路设计规则。

要根据界面提示添加相应的数据信息,比如:点要素就只需要输入 X 坐标和 Y 坐标,直线元素只需要输入方位角和长度。线路设计完成后点【保存】(图 6-5),软件会生成与元素 *.rod 文件同名的 *.dat 文件,以便在线路或者点放样时能调用 *.dat 文件。

图 6-2 元素模式数据录入

图 6-3 新建元素模式文件

图 6-4 要素输入框

图 6-5 元素模式数据保存

点击图 6-5 中的【图形显示】按钮，看到计算完成后绘制的图形，如图 6-6 所示。

（2）交点模式 交点模式是目前普遍使用的道路设计方式。用户只需输入线路曲线交点的坐标以及相应线路的缓曲长、半径、里程等信息，就可以得到要素点、加桩点、线路点的坐标，以及直观的图形显示，从而可以方便地进行线路的放样等测量工作。具体操作步骤如下：

① 点击菜单项【工具】→【道路设计】→【交点模式】（图 6-7）。

② 新建或打开交点设计文件（图 6-8、图 6-9）。交点模式的文件的后缀名为 ip。如果不是打开，必须新建道路文件（图 6-10），然后输入线路名。

③ 插入交点数据，输入交点坐标（可列表选择也可图形选择）、第一缓曲（左缓）长、第二缓曲（右缓）长及圆曲线半径（图 6-11）。如果没有缓曲，缓曲长输入零或不输入。第一个交点和最后一个交点没有左、右缓曲长及半径输入，第二个交点处必须输入里程，程序自动计算其他交点的里程。如果输入的数据有误，可以点击修改按钮修改数据，输入或修改完毕，保存数据（图 6-12）。

项目6　RTK在公路工程施工测量中的应用

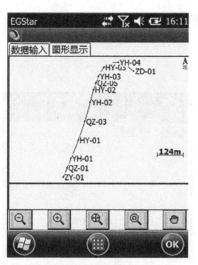

图 6-6　图形显示

图 6-7　道路设计

图 6-8　打开交点设计文件

图 6-9　线路设计交点模式

图 6-10　新建道路文件

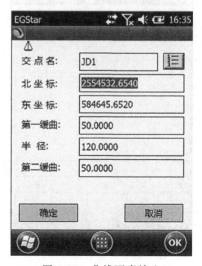

图 6-11　曲线要素输入

④ 选择计算模式：整桩距还是整桩号，输入桩距，然后计算，保存同时，生成同名的 *.rod 文件、数据成果文件 *.dat 文件。

最后打开【图形显示】（图 6-13）。

图 6-12 交点模式数据保存

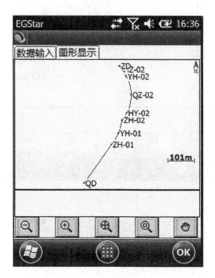

图 6-13 交点模式图形绘制

1.1.2 竖曲线设计

纵断面上两个坡段的转折处，为了便于行车用一段曲线来缓和，称为竖曲线。竖曲线设计线形有两种方式：抛物线和圆曲线。《公路路线设计规范》（JTG D20—2017）规定采用二次抛物线作为竖曲线的线形，但在实用范围内圆形和二次抛物线形几乎没有差别。界面操作如图 6-14～图 6-18 所示。

编辑成功的竖曲线文件和其对应的平曲线文件保存在相同路径的文件夹下（推荐 Info 文件夹）。在进行道路放样时，如图 6-19 所示，可以选择高程、设计高，两相对比。

图 6-14 新建竖曲线文件

图 6-15 竖曲线文件保存

项目6 RTK在公路工程施工测量中的应用

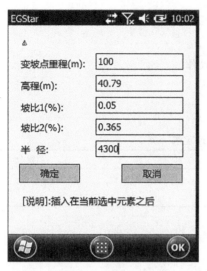

图 6-16 增加元素

图 6-17 数据保存

图 6-18 竖曲线数据计算

图 6-19 道路放样数据计算

1.2 任务技能训练

1.2.1 目的

（1）能够利用 RTK 进行道路设计。

（2）掌握 RTK 的界面操作。

1.2.2 仪器与工具

（1）每小组到仪器室借领：RTK 2 台，三脚架 1 个，对中杆 1 个。

（2）自备：铅笔、计算器、计算用纸等。

1.2.3 内容与要求

（1）了解 RTK 技术的基本原理和特点。

（2）能够使用 RTK 进行基本操作。

（3）能够用 RTK 技术进行道路设计。

1.2.4 参考资料

《公路工程施工测量》教材，听教师介绍仪器操作。

1.2.5 成果形式

现场检查学生操作仪器熟练程度，并填写表 6-1。

表 6-1 仪器操作评定表

检查项目	时间	扣分	总得分
RTK 道路设计操作			

1.3 学习效果评价反馈

学习效果评价反馈表见表 6-2。

表 6-2 学习效果评价反馈表

班级：　　　　　　学号：　　　　　　姓名：　　　　　　组别：

任务名称	利用 RTK 技术进行公路设计				
问题	教师评价				
	极不满意	不满意	一般	满意	非常满意
	1	2	3	4	5
1. 能准确运用所学知识完成该任务					
2. 能够积极主动查阅资料完成任务、语言表述清晰					
学生自评总分	教师评价总分				
学生对该教学方法的意见：					
对完成任务的意见：					

注：如对项目设置、教师在引导项目完成过程中的表现及完成项目有好的建议，请填写"对完成任务的意见"。

任务 2　利用 RTK 技术进行公路放样

学习目标

1. 能够描述 RTK 的原理与特点；

项目6 RTK在公路工程施工测量中的应用

2. 能够利用 RTK 进行道路放样；
3. 掌握 RTK 的界面操作。

任务描述

通过多媒体资源和教师讲解，使学生能知道 RTK 的原理与特点，利用室外讲解，掌握 RTK 的基本使用方法，通过训练熟练操作仪器。

学习引导

本学习任务沿着以下路线进行学习。

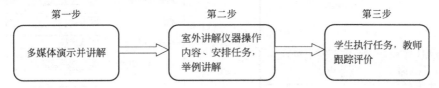

2.1 任务支撑知识

2.1.1 点放样

操作：【测量】→【点放样】，进入放样界面（图6-20）。

点击文件选择按钮，点击【目标】按钮，打开放样点坐标库，如图6-21所示。

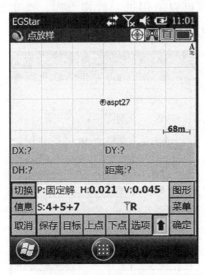

图6-20 点放样屏幕

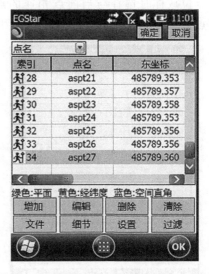

图6-21 坐标管理库中选待放样点的坐标

在放样点坐标库中点击【文件】按钮导入需要放样的点坐标文件并选择放样点（如果坐标管理库中没有显示出坐标，点击【过滤】按钮看是否需要的点类型没有勾选上）或点击【增加】直接输入放样点坐标，确定后进入放样指示界面，如图6-22所示。

放样界面显示了当前点（⊗）与目标点（✖）之间的距离为 0.009m，偏北 0.006m，偏东 0.007m，根据提示进行移动放样。

在放样过程中，当前点移动到离目标点 1m 的距离以内时（提示范围的设定值可以点

公路工程施工测量

击【选项】按钮进入点放样选项里面对相关参数进行设置），软件会进入局部精确放样界面，同时软件会给控制器发出声音提示指令，控制器会有"嘟"的一声长鸣音提示，点击【选项】按钮出现如图6-23所示点放样选项界面，可以根据需要选择或输入相关的参数。

在放样界面（图6-22）下还可以同时进行测量，按下保存键【A】按钮即可以存储当前点坐标。

 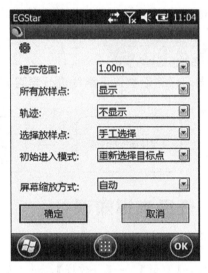

图6-22　点放样指示界面　　　　　　　图6-23　放样点的提示设置

在点位放样时选择与当前点相连的点放样时，可以不用进入放样点库，点击【上点】或【下点】按钮根据提示选择即可，如图6-24和图6-25所示。

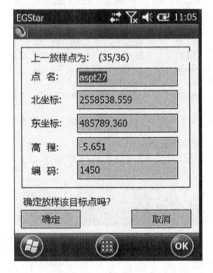 

图6-24　放样上一点　　　　　　　图6-25　放样下一点

2.1.2　线放样

操作：【测量】→【线放样】，如图6-26所示。

点击【目标】按钮，打开线放样坐标库（图6-27），放样坐标库的库文件名为 *.nib，如果有已经编辑好的放样线文件，选择要放样的线点击【确定】按钮即可。

项目6 RTK在公路工程施工测量中的应用

图 6-26 线放样屏幕

图 6-27 线放样坐标库

如果线放样坐标库中没有线放样文件，点击【增加】按钮，输入线的起点和终点坐标就可以在线放样坐标库中生成放样线文件，如图 6-28 所示。

如果需要里程信息的话，在图 6-28 中可以输入起点里程，这样在放样时，就可以实时显示出当前位置的里程（这里里程的意思是从当前点向直线作垂线，垂足点的里程）。在线放样坐标库中增加线之后选择放样线，确定后出现线放样界面如图 6-29 所示。

图 6-28 放样线的编辑

图 6-29 线放样界面

在线放样界面中有当前点偏离直线的距离、起点距、终点距和当前点的里程等信息（显示内容可以点击【显示】按钮，会出现很多可以显示的选项，选择需要显示的选项即可），其中偏离距中的左、右方向依据是当人沿着从起点到终点的方向行走时在前进方向的左边、右边，偏离距的距离则是当前点到线上垂足的距离。起点距和终点距有两种显示方式：一种是当前点的垂足到起点或终点的距离；另一种是当前点到起点或终点的距离。当前点的垂足不在线段上时，显示当前点在直线外。

线放样界面中的虚线显示是可以设置的，点击【选项】按钮，进入线放样设置对话框如图 6-30 所示。放样下一线如图 6-31 所示。

图 6-30　线放样的设置

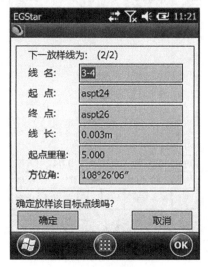
图 6-31　线放样放样下一线

线放样设置和点放样的设置基本相似。整里程提示指的是当前点的垂足移动到所选择的整里程时会有提示音。

2.1.3　道路放样

操作：【测量】→【道路放样】

进行道路放样之前，需要进行道路设计。

点击【目标】按钮，再点击【打开】按钮，选择一个已经设计好的线路文件，如图 6-32、图 6-33 所示。

图 6-32　道路放样主界面

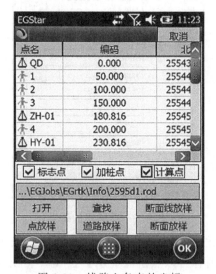
图 6-33　线路上各点的坐标

列表中显示设计文件中的所有的点（默认设置），用户也可以通过在列表下的"标志点""加桩点""计算点"前的对话框中打钩来选择是否在列表中显示这些点。选择要放样的点，如果要进行整个线路放样，就点击【道路放样】按钮，进入线路放样模式进行放样；如果要对某个标志点或加桩点进行放样，就点击【点放样】按钮，进入点放样模式。如果

项目6　RTK在公路工程施工测量中的应用

要对某个中桩的横断面放样，就按【断面放样】。以下介绍道路放样模式和断面放样模式。

在放线库中调入设计文件选择进行线路放样以后放样界面如图 6-34 和图 6-35 所示。

显示的内容可以点击【显示】按钮来选择。

线路放样实际上是点放样的线路表现形式，即在点放样时以设计的线路图为底图，实时显示当前点在线路上的映射点（当前点距线路上距离最近的点）的里程和前进方向的左或右偏距。在图 6-34 中会显示整个线路和当前测量点，并实时计算当前点是否在线路范围内，如果在线路范围内，就计算出到该线路的最近距离和该点在线路上的映射点的里程；如果不在线路范围内，也会有相应的提示。显示选择界面如图 6-35 所示。

图 6-34　线放样界面

图 6-35　显示选择界面

在线路放样中设计了加桩计算工具，操作如下。点击【加桩】按钮，进入加桩和偏距计算对话框，如图 6-36 所示。

（1）加桩计算　选择"加桩计算"，然后输入加桩点点名和加桩点里程，有时候可能需要输入偏距（左"—"、右"+"，"+"可不输入），按【计算】就计算出加桩点的坐标（图 6-37），并将该加桩点存入记录加桩的数据文件中。

图 6-36　加桩与偏距界面

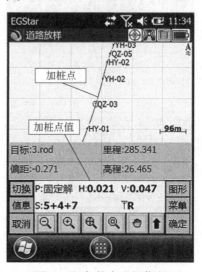

图 6-37　加桩点坐标信息

（2）偏距计算　选择"偏距计算"，然后输入北坐标 x 和东坐标 y，按【计算】就计算出该坐标点对应于该线路上的里程和偏距（图 6-38），如果不在范围内就给出提示。

2.1.4　横断面放样模式

首先在【道路放样】→【逐桩点库】里选择要放样的横断面上的点，点击【断面放样】按钮，如图 6-39 所示，此处放样的是中桩里程为 150m 的横断面。图 6-40 中的直线段就是该横断面的法线延长线，这样就可以非常方便地放样这个横断面上的点。这里的主要参数有垂距和偏距，垂距指的是当前点到横断面法线的距离，偏距是当前点到线路的最近的距离。根据实际情况到线路高程变化的地方采集坐标即可。

图 6-38　偏距计算

图 6-39　断面放样选择

注意：线路放样的断面输出，需要在此处横断面放样的界面下采集的文件才能进行相关的转换。

线路放样参数设置：点击【选项】按钮，出现如图 6-41 所示对话框。

图 6-40　断面放样

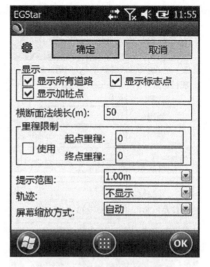

图 6-41　线路放样参数设置

显示设置中，主要是设置工作界面上显示的内容，可以设置道路的标志点和加桩点。

横断面法线延长线长度：设置横断面法线延长线的长度，默认值是50m。

里程限制：用来设置放样的起始里程和终点里程，如果当前点不在此范围内时，不会计算偏距和里程，会提示不在线路范围内。此功能主要应用在线路弯角比较大的地方，有的时候会把当前点投影到线路转角的另一边，此时可以通过里程限制进行区域选择。

最后还有一个屏幕缩放方式，指的是屏幕的刷新，在测量中每秒有一个数据过来，屏幕就会刷新一次，有时会不太方便观看，可以选用"手工"来自己控制显示界面上显示的内容。

在线路放样功能界面下，既可以放样，同时也可以进行纵横断面的测量，横断面的测量可以在断面放样中完成，纵断面测量只要保持在线路上测量就可以进行。当然纵横断面测量之后，需要进行格式转换才能得到我们常用的格式，具体如图6-42所示，首先点击放样界面下的【成果】菜单，选择横断面成果输出。然后点击上面的【打开测量文件】，选择测量文件，根据需要，选择纬地或者天正这两种格式，完成后点击下面的【转换】按钮，转换成功后如图6-43所示会在相应的文件夹下生成 *.hdm 文件，即横断面文件。

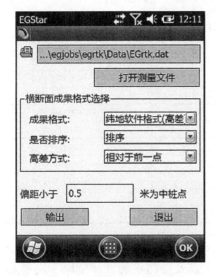
图6-42 横断面成果输出

图6-43 横断面成果格式转换成功

排序：在测量横断面上的点时不一定按照由远到近或者由近到远的顺序，在输出成果的时候选择了排序之后就会按距离中桩的远近进行排序，如果不选就会按照实际测量的顺序进行转换。

天正软件格式和纬地格式的主要区别就是在输出的点的高程上，纬地格式是高差，这里的高差可以有两种方式，相对于前一点的高差和相当于中桩的高差。天正格式输出的是直接测量的高程。

偏距与中桩阈值的设置：限制多大范围内为同一中桩，多大范围内为同一断面。

2.2 任务技能训练

2.2.1 目的

（1）能够利用RTK进行道路放样。

（2）掌握RTK的界面操作。

2.2.2 仪器与工具

(1) 每小组到仪器室借领：RTK 2 台，三脚架 1 个，对中杆 1 个。

(2) 自备：铅笔、计算器、计算用纸等。

2.2.3 内容与要求

(1) 了解 RTK 技术的基本原理和特点。

(2) 能够使用 RTK 进行基本操作。

(3) 能够用 RTK 技术进行道路放样。

(4) 完成《公路工程施工测量实训手册》实训任务 13、14 技能训练。

2.2.4 参考资料

《公路工程施工测量》和《公路工程施工测量实训手册》教材。

2.2.5 成果形式

(1) 采用 RTK 技术完成本次工程点的设计坐标（表 6-3）放样。

表 6-3 点放样设计坐标

点号	X/m	Y/m
1	207855.346	300511.643
2	207859.553	300520.715
3	207863.760	300529.787
4	207867.967	300538.859
5	207872.174	300547.930
6	207876.381	300557.002
7	207880.588	300566.074
8	207884.796	300575.146
9	207889.003	300584.218
10	207893.210	300593.290

根据设计坐标进行实地平面位置的放样，并写出放样步骤，绘制平面布置草图。

(2) 采用 RTK 技术完成本次工程路线圆曲线主点及细部点的设计坐标（表 6-4）放样。

表 6-4 圆曲线主点及细部点设计坐标

里程	X/m	Y/m
ZY（K99+947.34）	207849.107	300507.275
QZ（K99+999.70）	207875.116	300552.846
YZ（K100+052.06）	207894.657	300601.382
K99+950	207850.856	300509.507
K99+960	207856.168	300517.980
K99+970	207861.256	300526.583
K99+980	207866.147	300535.310
K99+990	207870.808	300544.157
K100+0	207875.247	300553.117
K100+10	207879.160	300562.186
K100+20	207883.146	300571.357
K100+30	207887.201	300580.625
K100+40	207890.723	300589.984
K100+50	207894.010	300599.128

根据圆曲线主点及细部点设计坐标进行实地平面位置的放样，并写出放样步骤，绘制圆曲线平面布置草图。

2.3 学习效果评价反馈

学习效果评价反馈表见表 6-5。

表 6-5 学习效果评价反馈表

班级：		学号：		姓名：		组别：	
任务名称		利用 RTK 技术进行公路放样					
问题	教师评价						
	极不满意	不满意	一般	满意	非常满意		
	1	2	3	4	5		
1. 能准确运用所学知识完成该任务							
2. 能够积极主动查阅资料完成任务、语言表述清晰							
学生自评总分			教师评价总分				
学生对该教学方法的意见：							
对完成任务的意见：							

注：如对项目设置、教师在引导项目完成过程中的表现及完成项目有好的建议，请填写"对完成任务的意见"。

项目 7

公路工程施工放样实操考核

核心技能

能够根据提供的中桩测量数据在实地放样出路线中桩的位置、高程,以便指导施工。

任务 1 路线施工高程测量测试考核

班级:　　　　　　组别:　　　　　　姓名:

水准尺方向	测点	后视 a/m	前视 b/m	高差/m		高程 H/m
				+	−	
正面	A					100.000
	B					
反面	A					100.000
	B					
			B 点高程平均值/m			

注:本次测试满分 20 分,时间满分 6 分,计算满分 8 分,操作满分 6 分。3 分钟内完成时间按 12 分计,4 分钟内完成时间按 10 分计,每超过 1 分钟时间扣 1 分,7 分钟内未完成操作停止考核。操作扣分项:读数错误扣 3 分,圆水准器未居中扣 2 分。

时间:　　　　　　计算得分:　　　　　　操作扣分:

任务 2 路线施工高程放样考核

班级：　　　　　　　　组别：　　　　　　　　姓名：

待测点名称	待测点水准尺读数（前视计算出数据）/m	水准点高程/m	水准点水准尺读数（后视读出数据）/m	待测点高程/m
A 点	b=	H_R=27.364	a=	H_A=

注：本次测试满分 20 分，时间满分 8 分，计算满分 6 分，操作满分 6 分。2 分钟内完成时间按 9 分计，3 分钟内完成时间按 8 分计，每超过 1 分钟时间扣 1 分，6 分钟内未完成操作停止考核。操作扣分项：读数错误扣 3 分，圆水准器未居中扣 2 分。

时间：　　　　　　　　计算得分：　　　　　　　　操作扣分：

任务 3 路线中桩位置及高程放样考核

 任务描述

利用测量仪器，对学生进行路线中桩位置及高程放样核心技能的考核，使学生能够按照施工测量员的标准进行施工放样工作。

路线中桩位置及高程放样考核表

承包单位：　　　　　　施工标段：
监理单位：　　　　　　编　　号：

工程名称	路基		工程部位	×××～××× 段路线中桩					备注	
桩号	设计坐标		实测坐标		差值		高程/m			偏移值（左，右）/cm
	X/m	Y/m	X/m	Y/m	ΔX/mm	ΔY/mm	设计	实测	差值	

测站点：　X/m：　　　　　Y/m：　　　　　H/m：
后视点：　X/m：　　　　　Y/m：　　　　　H/m：
核减点：　X/m：　　　　　Y/m：　　　　　H/m：
监理意见：
测量：　　　　　计算：　　　　　复核：　　　　　监理：
考核成绩：

任务 4 桥梁墩台中桩位置及高程放样考核

 任务描述

利用测量仪器,对学生进行桥梁墩台中桩位置及高程放样核心技能的考核,使学生能够按照施工测量员的标准进行施工放样工作。

桥墩台及基础桩位放样考核表

施工单位:
监理单位:

项目名称	桥墩				范围		K0+495 中桥钻孔灌注桩	
桥墩台桩号	设计值/m		实测值/m		偏差/mm			备注
	X	Y	X	Y	ΔX	ΔY	$\sqrt{\Delta X^2 + \Delta Y^2}$	
								浇筑或安装应附构件控制点位置布置图及测量原始数据记录
计算数据	测站点坐标 X: ,Y:						全站仪型号	
	后视点坐标 X: ,Y:							
	距 离 $AB=$ (m)							
	实测距离 $AB_S=$ (m)							

测量: 记录: 监理工程师: 日期:
考核成绩:

附录

附录一 施工测量相关知识（参考学习内容）

1 平面直角坐标的换算

工程构造物特征点的平面位置是用坐标表示的。在施工放样以前必须了解设计数据所提供的点的坐标是用哪一种坐标系。只有在坐标系统一的条件下，才能进行坐标、距离、角度的计算和改正。在公路工程测量中有五种坐标系可供选用。

1.1 国家 3° 带高斯正投影平面直角坐标系

工程建设是在地球曲面上进行的，工程设计计算是在平面上进行的，这样就会有曲面上的数据向平面归算的问题，高斯平面直角坐标系就是在此基础上建立起来的。利用它可以解决曲面数据与平面数据的转换问题。在离中央子午线较近，地面平均高程较低的地区，不必考虑投影变形的影响，可直接采用国家统一的 3° 带高斯正投影平面直角坐标系。

（1）高斯投影的几何意义　高斯投影是高斯平面直角坐标系建立的基础，其几何意义如附图 1-1 所示。

为了便于说明高斯投影的概念，将地球椭球体作为圆球看待。在圆球表面上选定一个子午圈，将投影面卷成一个圆柱，套在圆球上并使其与选定的子午圈相切，这条切线 NBS 称为轴子午线（中央子午线）。NAS 和 NCS 是两条和 NBS 经差为 3° 或 1.5° 并关于 NBS 对称的子午线。这样，球面上的轴子午线就毫无变形地转移到圆柱面上。此外，将赤道面扩大使之与圆柱体相交，其交线 GH 即与轴子午线垂直。当将圆柱体从两极沿着圆柱轴线切开，并展开成平面时，圆柱体上的这两条正交的直线，就是高斯平面直角坐标系统的坐标轴。其中由轴子午线投影的直线 NBS 是高斯平面直角坐标系的纵轴，称为 X 轴；而由

赤道投影的直线 GH 是高斯平面直角坐标系的横轴，称为 Y 轴；B 为坐标原点。由子午线 NAS、NCS 所包围而构成的带状区域称为投影带，若子午线 NAS 和 NCS 经差为 $6°$，称为 $6°$ 投影带；若经差为 $3°$，称为 $3°$ 投影带。

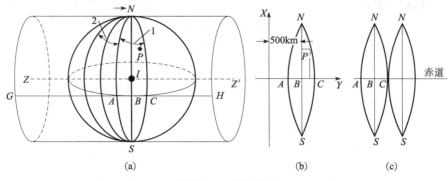

附图 1-1 高斯投影

如上所述，每一个高斯投影的 $6°$ 带和 $3°$ 带都有其自己的坐标轴和坐标原点。横坐标的计算是以轴子午线以东为正，以西为负。纵坐标的计算是以赤道以北为正，以南为负。为了使横坐标均为正值，我国轴子午线的横坐标值加上 $500km$，即将坐标原点向西平移 $500km$。

高斯平面的特点：

① 投影后的中央子午线 NBS 是直线，长度不变。

② 投影后的赤道 ABC 是直线，保持 ABC 垂直 NBS。

③ 离开中央子午线的子午线投影是以两级为终点的弧线，离中央子午线越远，弧线的曲率越大，说明离中央子午线越远投影变形越大。

（2）高斯平面直角坐标系的建立　根据高斯平面投影带的特点，高斯平面直角坐标系按下述四个规则建立：

① X 轴是中央子午线 NBS 的投影，北方为正方向；

② Y 轴是赤道 ABC 的投影，东方为正方向；

③ 原点，即中央子午线与赤道交点，用 O 表示；

④ 四个象限按顺针顺序Ⅰ、Ⅱ、Ⅲ、Ⅳ排列，如附图 1-2 所示。

（3）投影带的中央子午线与编号　投影带的宽度以投影带边缘子午线之间的经度差 ΔL 表示。为避免高斯投影带的变形太大，投影带的宽度 ΔL，不能太宽，一般 ΔL 宽度取 $6°$ 或者 $3°$。高斯投影根据经差 ΔL 逐带连续进行，即将地球曲面展开成平面。经差 ΔL 为 $6°$ 的 $6°$ 带高斯投影平面，将全球分为 60 个 $6°$ 的投影带，各带的中央子午线的经度 L_0 与投影带的带号 N 有如下对应关系：

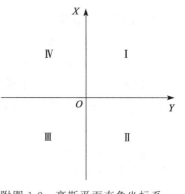

附图 1-2 高斯平面直角坐标系

$$L_0 = 6N - 3$$

经差 ΔL 为 $3°$ 的 $3°$ 带高斯投影平面，将全球分为 120 个 $3°$ 的投影带，各带的中央子午线的经度 L_0 与投影带的带号有如下对应关系：

$$L_0 = 3N$$

根据我国在大地坐标系统中的经度位置（74°~135°），从上述公式可见，我国用到的 6°带的带号 N 在 13~23 之间，用到的 3°带的带号在 25~45 之间。

（4）高斯平面直角坐标表示的地面的位置 我国测量大地控制点均按高斯投影计算其高斯平面直角坐标。在附图 1-1(a) 中，球面点 P，大地坐标为 (L_P, B_P)。在附图 1-1(b) 中的 P' 点是 P 的高斯投影点，其高斯平面直角坐标是 (x_P, y_P)。

它们的意义是：① x_P 表示 P 点在高斯平面上到赤道的距离；② y_P 包括有投影带的带号、附加值 500km 和实际坐标 Y_P 三个参数，即

$$y_P = 带号 N + 500km + Y_P \qquad (附1-1)$$

例如，某地面点坐标 $x=2433586.693m$，$y=38514366.157m$。其中 x 表示该点在高斯平面上到赤道的距离为 2433586.693m。根据式（附 1-1），该地面点所在的投影带带号 $N=38$，是 3°带，地面点 Y_P 坐标的实际值 $Y_P=14366.157m$（即去掉原坐标轴中代号 38，并减去附加值 500km），表示该地面点在中央子午线以东 14366.157m；若 y 坐标实际值 Y 带负号，则表示该地面点在中央子午线以西。根据 y_P 坐标的投影带带号，可以按式（附 1-1）推算投影带中央子午线的经度为 $L_0=114°$。

1.2 补偿投影面的 3°带高斯正形投影平面直角坐标系

这种坐标系仍采用国家 3°带高斯正形投影，但是投影的高程面不用参考椭球面，而另选用一个高程参考面，借以补偿因高斯投影带来的长度变形。在这个高程参考面上，投影长度变形为零。

1.3 任意带高斯正形投影平面直角坐标系

任意高斯正形投影平面直角坐标系仍将地面观测结果归算到参考椭球面上，但不采用国家 3°带统一的分带方法，而选择过测区边缘或测区中央或测区内某一点的子午线作为中央子午线，借以补偿因实测结果归算至参考椭球面带来的长度变形。

1.4 高程抵偿面的任意带高斯正形投影平面直角坐标系

这种坐标系通常是把投影的中央子午线选在测区的中央，地面观测值归算至测区的平均高程面上，按高斯正形投影计算平面直角坐标。这是综合补偿投影面的 3°带高斯正形投影平面直角坐标系和任意带高斯正形投影平面直角坐标系这两种坐标系优点的一种任意高斯平面直角坐标系，是工程中常用的测量坐标系统。

1.5 工程独立平面直角坐标系

这是一种在测区面积较小时，可以把该测区的球面当成平面看待，即可不进行方向和距离改正，将地面点直接沿铅垂线投影到水平面上，把局部地球表面作为平面而建立的独立平面直角坐标系。这种坐标系可与国家控制网联系，获取起算坐标及起始方位角；亦可采用假定坐标，《公路勘测规范》（JTG C10—2007）规定，二级（含二级）以下公路、独立桥梁、隧道及其他构造物等小测区方可采用。

在计算平面点位放样数据时，如果点的坐标处于不同的坐标系，要首先进行坐标换算（换算成统一的坐标系），再计算放样数据。

1.6 平面直角坐标的换算

（1）平面直角坐标换算的一般方法 如附图 1-3 所示，设 (X_P, Y_P) 为 P 点在国

家控制网坐标系中的坐标；(x'_P, y'_P) 为 P 点在工程独立控制网坐标系中的坐标；(X_O, Y_O) 为工程独立坐标系原点 O' 在国家坐标系中的坐标；$\Delta\alpha$ 为两坐标系纵坐标轴的夹角。如果一条边 PM 在国家坐标系中的坐标方位角为 A，而在工程独立坐标系中的坐标方位角为 α，则 $\Delta\alpha$ 可按式（附 1-2）计算：

$$\Delta\alpha = A - \alpha \quad \text{（附 1-2）}$$

当由工程独立坐标系中的坐标 (x'_P, y'_P) 换算到国家坐标系中的坐标 (X_P, Y_P) 时，其换算公式为

$$\left.\begin{array}{l} X_P = x'_P \cos\Delta\alpha - y'_P \sin\Delta\alpha + X_O \\ Y_P = x'_P \sin\Delta\alpha + y'_P \cos\Delta\alpha + Y_O \end{array}\right\} \quad \text{（附 1-3）}$$

当国家坐标系换算到工程独立坐标系时也可以使用上式。换算时应将式中的 X_P，Y_P 与 x'_P，y'_P 互换，并且 $\Delta\alpha = \alpha - A$。

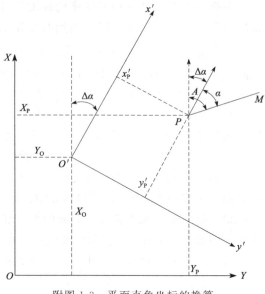

附图 1-3 平面直角坐标的换算

【例题 1-1】已知 A、B 两点在国家坐标系中的坐标为：$X_A = 92562.608\text{m}$，$Y_A = 72049.157\text{m}$；$X_B = 92529.371\text{m}$，$Y_B = 72174.555\text{m}$。在工程独立坐标系中的坐标为 $x'_A = 1073.382\text{m}$，$y'_A = 1199.447\text{m}$；$x'_B = 1036.841\text{m}$，$y'_B = 1323.922\text{m}$。试求出两坐标系的换算公式。

解 ① 工程独立坐标系中的坐标换算到国家坐标系中的坐标的实用公式：

$$A_{AB} = \arctan\frac{Y_B - Y_A}{X_B - X_A} = \arctan\frac{72174.555 - 72049.157}{92529.371 - 92562.608} = 104°50'42''$$

$$\alpha_{AB} = \arctan\frac{y'_B - y'_A}{x'_B - x'_A} = \arctan\frac{1323.922 - 1199.447}{1036.841 - 1073.382} = 106°21'37''$$

由式（附 1-2）得：

$$\Delta\alpha = A_{AB} - \alpha_{AB} = 104°50'42'' - 106°21'37'' = -1°30'55''$$

将 A 点在两坐标系中的坐标 (X_A, Y_A) 和 (x'_A, y'_A) 以及 $\Delta\alpha$ 之值代入式（附 1-3），计算工程独立坐标系原点 O 在国家坐标系中的坐标，得：

$$\left.\begin{array}{l} X_O^{(A)} = 91457.8838 \\ Y_O^{(A)} = 70878.5134 \end{array}\right\}$$

将 B 点在两坐标系中的坐标 (X_B, Y_B) 和 (x'_B, y'_B) 以及 $\Delta\alpha$ 之值代入式（附 1-3），计算工程独立坐标系原点 O 在国家坐标系中的坐标，得：

$$\left.\begin{array}{l} X_O^{(B)} = 91457.8834 \\ Y_O^{(B)} = 70878.5137 \end{array}\right\}$$

取由 A、B 两点算得的 X_O、Y_O 平均值：

$$\left.\begin{array}{l} X_O = [X_O^{(A)} + X_O^{(B)}]/2 = 91457.8836 \\ Y_O = [Y_O^{(A)} + Y_O^{(B)}]/2 = 70878.5136 \end{array}\right\}$$

设 (x, y) 为某点在工程独立坐标系中的坐标，(X, Y) 为该点在国家坐标系中的坐标，将 X_O、Y_O 及 $\Delta\alpha$ 三个值代入式（附 1-3）即可得实用公式：

$$X = 0.99965x + 0.02644y + 91457.8836 \brace Y = -0.02644x + 0.99965y + 70878.5136$$

② 国家坐标系中的坐标换算到工程独立坐标系中的坐标实用公式：

$$\Delta\alpha = \alpha_{AB} - A_{AB} = 106°21'37'' - 104°50'42'' = 1°30'55''$$

将式（附 1-3）中的 X、Y 和 x、y 互换，可得：

$$x'_P = X_P\cos\Delta\alpha - Y_P\sin\Delta\alpha + X_O \brace y'_P = X_P\sin\Delta\alpha + Y_P\cos\Delta\alpha + Y_O$$

同样可算得

$$X_O = -89551.6254 \brace Y_O = -73272.1948$$

将 X_O、Y_O 和 $\Delta\alpha$ 三个值代入式（附 1-3）即得到实用公式：

$$x = 0.99965X + 0.02644Y - 89551.6254 \brace y = 0.02644X + 0.99965Y - 73272.1948$$

式中，x、y，X、Y 的含义同上。

（2）应用最小二乘法进行平面直角坐标换算 考虑到两种坐标系的长度比，将式（附 1-3）改写成

$$X = mx\cos\Delta\alpha - my\sin\Delta\alpha + X_O \brace Y = mx\sin\Delta\alpha + my\cos\Delta\alpha + Y_O \quad \text{（附 1-4）}$$

式中，m 为长度比，或者称为尺度因子，是指同一边长在两种坐标系中的长度之比。

由于式（附 1-4）中有 X_O、Y_O、$\Delta\alpha$ 和 m 四个变换参数是要确定的，所以必须有两个公共点，它们在两种坐标系中的坐标 X、Y 和 x、y 是已知的。由此列出 4 个方程，从而解出 4 个未知参数。当具有两个以上的公共点时，就要用最小二乘法原理进行平差，解出参数 X_O、Y_O、$\Delta\alpha$ 和 m 的最合适值。

2 公路工程施工中使用的高程系统

2.1 高程系统的一般概念

地面点高程，是指地面点到某一高程基准面的铅垂距离。地面点的高程是表示地面位置的重要参数。地面点高程基准面一经认定，地面点的高程系统就确定了。一般地，高程系统有大地高系统、正高系统和正常高系统。

（1）大地高系统 以参考椭球体面为基准面的高程系统称为大地高系统。大地高，表示地面点到参考椭球体面的垂直距离。

（2）正高系统 以大地水准面为基准面的高程系统称为正高系统。正高表示地面点到大地水准面的垂直距离。

（3）正常高系统 以似大地水准面为基准面的高程系统称为正常高系统。正常高表示地面点到似大地水准面的垂直距离。

附图 1-4 表示上述三个基准面的关系，其中大地水准面是在测定平均海水面中得到的高程基准面。我国在山东青岛设验潮站，长期测定海水面高度，得出我国大地水准面的高程原点，如附图 1-4 中 Q 点。通常，参考椭球体面、大地水准面、似大地水准面在 Q 处重

合。但是，由于地球内部的物质不均匀性，参考椭球体面、大地水准面、似大地水准面在其他地方不重合。如附图1-4中P处，h_m是大地水准面与参考椭球体面的差距，h'_m是似大地水准面与参考椭球体面的差距。

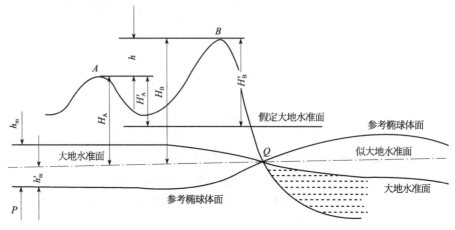

附图1-4 基准面关系图

一般地，大地水准面与参考椭球体面的差距h_m难以得到，故无法将测得的地面点正高换算到参考椭球体面上。在实际测量工作中，选用的似大地水准面是一个与参考椭球体面的差距为h'_m的并可以得到的大地水准面。由此可见，差距h'_m是可以求得的，故可以将测得的地面点正常高换算到参考椭球体面上。

正常高系统是我国国家高程测量采用的高程系统。国家高程点的高程是正常高。正常高系统是以似大地水准面作为测量基准面的高程系统，我国采用黄海平均海水面为似大地水准面，进而确定国家高程基准面的高程，即水准原点的高程。历史上我国采用过两种高程系统：一是1956国家高程基准，水准原点高程为72.289m；二是1985国家高程基准，水准原点高程为72.260m。两者相差0.029m。这一点在引用国家水准点高程时应注意。

2.2 公路工程实际应用中的地面点高程的概念

在设计文件中给定的地面点的高程，通常采用两种高程系统：一种是国家统一的绝对高程系统；另一种是独立测区所采用的假定的相对高程系统。

（1）绝对高程　地面点沿其铅垂线到法定的似大地水准面的垂直距离称为绝对高程。如附图1-4所示，定义经Q点的似大地水准面为法定的似大地水准面，H_A、H_B表示A、B两点分别到法定的似大地水准面的绝对高程。绝对高程是正常高系统所确定的地面点高程。实际工程应用中，按国家高程点的正常高推算地面点高程，这种工程上的地面点高程属于绝对高程。在远离国家高程控制网的偏远地区，也可采用假定的高程系统，即相对高程系统。

（2）相对高程　地面点沿其铅垂线到假定的大地水准面的垂直距离称为相对高程。如附图1-4所示，H'_A、H'_B分别表示A、B两点到假定的大地水准面的相对高程。这里所说的相对高程是以假定的大地水准面所确定的地面点高程，假定的大地水准面可理解为通过假定地面上某一点的高程，而得到假定大地水准面的位置。

例如，P点位于偏远地区，在P点所在的区域没有国家高程点，工程建设中要确定该区域地面点的高程，就要建立一个统一的高程系统。通过假定P点的高程H_P，则假定大地水准面的位置在从 P 点沿铅垂线向下（上）距 P 点为 H_P 的位置上。

实际应用中，似大地水准面与参考椭球体面的差距 h'_m，由大地测量学解决。在一般工程建设中也可以不考虑这一因素。

在计算放样点的高程数据时，应换算成统一的高程系统。

例如，某独立测区 P 点的假定高程为 $H'_P = 100\text{m}$，与国家水准点 BM_n 联测得 $h_{np} = 45.025\text{m}$，则假定大地水准面与似大地水准面的高差为 45.025m，该测区内任一点的绝对高程应为相对高程加上 45.025m。

3 施工放样的基本方法

3.1 已知距离的放样

距离放样即在地面上测设某已知水平距离，就是在实地上从一点开始，按给定的方向，量测出设计所需的距离定出终点。

（1）**钢尺量距** 在地面上丈量已有两点间的直线距离时，应先用尺子量出两点间的距离，再考虑必要的改正数，以求得正确的水平距离。而在地面上定出已给长度的直线时，其程序恰恰相反。先要根据已知的水平距离，结合地面的高低、钢尺的实际长度、丈量时的温度等，算出地面上应量的距离，并按算出的距离进行丈量。如附图 1-5 所示。

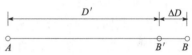

附图 1-5　钢尺距离测量改正数示意图

其计算公式为：

$$D' = D - \Delta L_0 - \Delta L_t - \Delta L_h \tag{附1-5}$$

式中　D'——名义长度，实地应测设的水平距离；

　　　D——实际长度，实地用钢尺实际量出的水平距离；

　　ΔL_0——尺长改正数，钢尺在标准拉力、标准温度条件下钢尺的实际长度 L_t 与钢尺的名义长度 L_0 的差，即 $\Delta L_0 = L_t - L_0$；

　　ΔL_t——温度改正数，$\Delta L_t = \alpha(t - t_0)D$，$\alpha$ 为钢尺的线膨胀系数，一般用 $1.25 \times 10^{-5}\,℃^{-1}$，$t$ 为测设时的温度，t_0 为钢尺的标准温度（一般为 20℃）；

　　ΔL_h——倾斜改正数，$\Delta L_h = -\dfrac{h^2}{2D}$，$h$ 为两端点的高差。

为了计算以上各改正数，应已知所用钢尺的尺长改正数，测出两端点的高差 h，并测量测设时的温度 t。

【**例题 1-2**】 用名义长度为 30m 而实际长度为 30.006m 的钢尺放样 200m 的距离（钢尺的检定温度为 20℃，丈量时的环境温度为 36℃），两端点间的高差不计，试说明其放样的方法。

解　① 计算尺长改正数。因钢尺的实际长度为 30.006m，即每量出一整尺段的距离就比名义长度 30m 多了 0.006m。因此每尺段应减去 0.006m，即尺长改正数 $\Delta L_0 = 30.006\text{m} - 30\text{m} = 0.006\text{m}$。

② 计算温度改正数。因钢尺的检定温度为 20℃，丈量时的环境温度为 36℃，尺膨胀系数 $\alpha = 1.25 \times 10^{-5}\,℃^{-1}$，则一尺段的温度改正数为 $30\text{m} \times 1.25 \times 10^{-5} \times (20-36) = -0.006\text{m}$，即钢尺伸长了 0.006m。因此考虑尺长和温度的影响，每量 30m 尺长，就应从尺上读数减

少 0.012m。

③ 计算实地要测设的长度。当用这根个钢尺去放样 200m 的长度时，应在实地测设的距离为：

$$D' = D - \Delta L_\circ - \Delta L_t - \Delta L_h = 200 - \frac{200}{30} \times 0.006 - \frac{200}{30} \times 0.006 = 199.920(\text{m})$$

一般测量时所用之拉力应与检定时的拉力相同，故可不加拉力改正。

（2）用光电测距仪（全站仪）测设水平距离　可在本书项目 2 任务 2 中的 2.1.1 中查看。

3.2 已知水平角的放样

（1）盘左盘右分中法　具体操作方法可在本书项目 2 任务 2 的 2.1.2 中查看。

（2）垂线改正法　当测设精度要求较高时，可采用初放水平角 β' 与设计水平角 β 进行差值比较，并沿垂线方向进行改正的方法。如附图 1-6 所示，先按盘左盘右分中法初步放样，定出 $\angle AOC$，再用经纬仪观测 $\angle AOC$ 数个测回，测回数由精度要求决定，求出各测回的平均角值 β_1，当 β 与 β_1 的差值 $\Delta\beta$ 超出限差时，则需改正 C 的位置。改正时可根据 OC 的长度和 $\Delta\beta$ 计算其垂直距离 CC'：

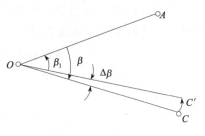

附图 1-6　垂线改正法

$$CC' = OC\tan\Delta\beta \approx OC\frac{\Delta\beta}{\rho''}(\rho'' = 206265'', \Delta\beta\ \text{单位为秒})$$

然后过 C 点作 OC' 的垂线，在垂线方向上量出 CC' 的长度，定出 C' 点，则 $\angle AOC'$ 即为放样的水平角。若 $\Delta\beta$ 为正，则按顺时针方向改正 C' 点；若 $\Delta\beta$ 为负，则按逆时针方向改正 C' 点。为检查测设是否正确，还需进行检查测量。

3.3 已知高程的放样

已知高程的放样是根据施工现场已有的水准点，用水准测量或三角高程测量的方法，将设计的高程测设到地面上，即根据一个已知高程的点，来测设另一个点的高程，使其高差为所指定的数值。水准测量法、三角高程法可在本书项目 2 任务 1 的 1.1 中查看。

3.4 已知点的放样

测设点的平面位置常用的方法有极坐标法、直角坐标法、角度交会法和全站仪法。放样时，应根据控制网的形式、控制点的分布情况、地形条件以及放样精度，合理选用适当的测设方法。

（1）极坐标法　可在本书项目 2 任务 3 的 3.1 中查看。

（2）直角坐标法　可在本书项目 2 任务 3 的 3.1 中查看。

（3）角度交会法　角度交会法又称方向线交会法。它适用于待测设点离控制点较远或量距较为困难的地方。

如附图 1-7 所示，A、B、C 为控制点，P 为待测设点。测设时，先根据 P 点的设计坐标及控制点 A、B、C 三点的坐标反算出交会角 β_1、γ_1、β_2、γ_2、β_3、β_4。在 A、B、C 三个控制点上安置经纬仪放样 β_1、γ_1、β_2、γ_2、β_3、β_4 各角。并且分别沿方向线 AP、BP、

CP，在 P 点附近各插两根测钉，并分别用细线相连，其交点即为 P 点的位置。

由于测设误差的存在，若三条方向线不交于一点时，会出现一个很小的三角形，称为示误三角形。对于示误三角形的边长在允许范围内时，可取其重心作为 P 点的点位。如超限，则应重新交会。

（4）**距离交会法** 距离交会法是根据两段已知的距离交会出地面点的平面位置。此法适用于待测设点至控制点的距离不超过一整尺的长度，且便于量距的地方。在施工中细部的测设常用此法。

如附图 1-8 所示，先根据控制点 A、B 的坐标及 P 点的设计坐标，计算出测设距离 D_1 和 D_2。测设时，用钢尺分别从控制点 A、B 量取距离 D_1、D_2 后，其交点即为 P 点的平面位置。

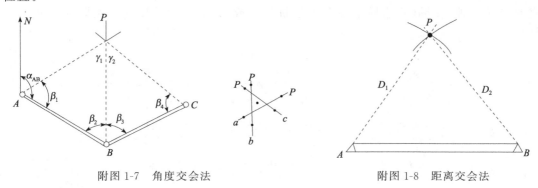

附图 1-7　角度交会法　　　　　　附图 1-8　距离交会法

（5）**全站仪法** 可在本书项目 2 任务 3 的 3.1 中查看。

4　桥梁施工控制测量

桥梁施工控制测量的主要任务是建立桥梁高程控制网、补充施工需要的水准点、精确地测定墩台中心位置、桥轴线测量、构造物各细部构造的定位和放样以及桥台和墩台的竣工测量。对大型桥梁来讲，首先必须建立平面控制网、高程控制系统并测量桥轴线的长度，以确保桥梁走向、跨距、高程等符合规范和设计要求。

桥梁施工控制测量的主要工作内容包括三角网、导线桩及水准点的复核、桥梁中线的测设及墩台中心位置的确定等。即实施桥梁测量前应检查、核对设计单位交付的三角网基点、水准基点及桥梁中线位置桩等桩志和有关测量资料，如有桩志不足、不妥、位置移动或精度与要求不符等情况，均需进行补测、加固，并将校测结果通知监理单位及业主；根据施工需要建立满足精度要求的施工控制网，并进行平差计算；补充施工需要的桥梁中线桩和水准点；测定墩（台）纵横向中线及基础桩的位置。

为使桥梁施工控制测量工作顺利进行，测量人员必须重视桥梁施工控制测量工作，要有熟练的操作技能、良好的协作精神及严格遵守测量规范的良好习惯，要有认真仔细、一丝不苟的精神，要做好测量人员的分工、仪器的检验校正，并制订详细的测量工作计划和实施方案。

4.1　施工控制测量

4.1.1　平面控制测量

（1）**施工平面控制网的建立** 桥位勘测阶段所建立的平面控制网，在精度方面能满足桥梁定线放样要求时，应予以复测利用；放样点位不足时，可予以补充。如原平面控制网精度不能满足施工定线放样要求，或原平面控制网基点桩已移动或丢失，必须建立施工平面控制网。施工平面控制网的布设，应根据总平面设计和施工地区的地形条件来确定，并应作为整个工程施工设计的一部分。布网时，必须考虑到施工的程序、方法以及施工场地的布置情况，可利用桥址地形图，拟定布网方案。

桥梁施工平面控制网的测量方法可以采用三角测量和GPS测量。

桥梁施工平面控制网，除了用以精密测定桥梁长度外，还要用它来放样各个桥墩的位置，保证上部结构与下部结构的正确连接，十分重要，为防止控制点的标桩被破坏，所布设的点位应画在施工设计的总平面图上，并教育工地上的所有人员注意保护。

较常用的几种三角网图形如附图1-9所示。使用时，应对具体情况作具体分析，因地制宜地选择一种。图形的选择主要取决于桥长（或河宽）、设计要求、仪器设备和地形条件。

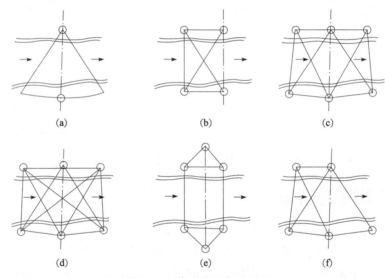

附图1-9　常用的三角网图形

三角网的布设除应满足三角测量本身的需要外，还应遵循以下原则：

① 三角点的设置

a. 构成三角网的各点，应便于采用前方交会法进行墩台放样，并使各点间能互相通视；

b. 桥轴线应作为三角网之一边。两岸中线上应各设一个三角点，使之与桥台相距不远，以便于计算桥梁轴线的长度，并利于墩台放样；

c. 三角点不可设置在可能被河水淹没、存储材料区、地下水位升降易使之移位处，或车辆来往频繁及地势过低须建高塔架方能通视处；

d. 三角网的图形主要根据跨河桥位中线的长度而定，在满足精度的前提下，图形应力求简单，平差计算方便，并具有足够的强度；

e. 单三角形内之任一夹角应大于30°，小于120°。

② 基线的设置

a. 基线位置的选择，应满足相应测距方法对地形等因素的要求，一般应设在土质坚实、地形平坦且便于准确丈量的地方，如有纵坡坡度宜在1/12～1/10，与桥轴线的交角宜小于

90°或接近垂直；

b. 为提高三角网的精度，使其具有较多的校核条件，通常丈量两条基线，两岸各设一条，若地形不允许，亦可将两条基线设在同一岸；

c. 当采用电磁波测距仪测距时，其基线宜选在地面覆盖物相同的地段，且基线上不应有树枝、电线等障碍物，应避开高压线等电磁场的干扰；

d. 基线长度一般不小于桥轴线长度的0.7倍，困难地段也不应小于0.5倍。

（2）控制网的技术要求

① 桥梁平面控制测量等级应根据附表1-1确定。

附表1-1　桥梁平面控制测量等级

等级	桥位控制测量
二等三角	>5000m的特大桥
三等三角	2000～5000m的特大桥
四等三角	1000～2000m的特大桥
一级小三角	500～1000m的大桥
二级小三角	<500m的大、中桥

② 桥梁三角控制网的技术要求，应符合附表1-2和附表1-3的规定。

附表1-2　桥位三角控制网技术要求

等级	平均边长/km	测角中误差/(″)	起始边边长相对中误差	最弱边边长相对中误差	测回数			三角形最大闭合差/(″)
					DJ_1	DJ_2	DJ_6	
二等	3.0	±1.0	≤1/250000	≤1/120000	12			±3.5
三等	2.0	±1.8	≤1/150000	≤1/70000	6	9		±7.0
四等	1.0	±2.5	≤1/100000	≤1/40000	4	6		±9.0
一级小三角	0.5	±5.0	≤1/40000	≤1/20000		3	4	±15.0
二级小三角	0.3	±10.0	≤1/20000	≤1/10000		1	3	±30.0

附表1-3　水平角方向观测法的技术要求

等级	仪器型号	光学测微器两次重合读数之差/(″)	半测回归零差/(″)	一测回中2倍照准差较差/(″)	同一方向值各测回较差/(″)
四等及以上	DJ_1	1	6	9	6
	DJ_2	3	8	13	9
一级及以下	DJ_2	—	12	18	12
	DJ_6	—	18		24

注：当观测方向的垂直角超过±3°的范围时，该方向一测回中2倍照准差较差，可按同一观察时段内相邻测回同方向进行比较。

③ GPS测量控制网的设置精度和作业方法应符合《全球定位系统（GPS）测量规范》（GB/T 18314—2009）的规定。控制网相邻点间弦长标准差按式（附1-6）确定：

$$\sigma = \sqrt{a^2 + (bd)^2} \quad \text{（附1-6）}$$

式中，σ 为弦长标准差，mm；a、b、d 见附表1-4。

附表1-4　GPS控制网的主要技术指标

级别	每对相邻点平均距离 d/km	固定误差 a/mm	比例误差 b/(mm/km)	最弱相邻点点位中误差 m/mm
一级	4.0	5	1	10
二级	2.0	5	2	10
三级	1.0	5	2	10

注：各级GPS控制网每对相邻点间最小距离不应小于平均距离的1/2，最大距离不宜大于平均距离的2倍。

④ 桥梁轴线相对中误差应符合附表1-5的规定。

附表1-5　桥梁轴线相对中误差

测量等级	桥轴线相对中误差
二等三角	1/130000
三等三角	1/70000
四等三角	1/40000
一级小三角	1/20000
二级小三角	1/10000

但对精度有特殊要求的桥梁，其桥轴线和基线精度应按设计要求或另行规定。由于桥梁三角网的主要作用是确定桥长和放样桥墩，因此应分别根据桥梁架设误差和桥墩定位的精度要求来计算桥梁三角网的必要精度。为安全可靠起见，可采用其中较高者作为桥梁三角网的精度要求，亦可按桥轴线所需精度的1.5倍计算。

⑤ 当基线精度要求不超过1/100000时（一级小三角以下），可使用普通钢尺进行丈量，其丈量方法和要求见本附录4.2.1直接丈量法；当基线精度要求超过1/100000时（四等三角以上），则可使用测距仪或全站仪等较先进的仪器进行测量。

采用测距法测量基线时的技术要求见附表1-6和附表1-7。

附表1-6　测距的主要技术要求

平面控制网等级	测距仪精度等级	观测次数 往	观测次数 返	总测回数	一测回读数较差/mm	单程各测回较差/mm	往返较差
二、三等	Ⅰ	1	1	6	≤5	≤7	$\leq\sqrt{2}(a+bD)$
二、三等	Ⅱ			8	≤10	≤15	
四等	Ⅰ	1	1	4~6	≤5	≤7	
四等	Ⅱ			4~8	≤10	≤15	
一级	Ⅱ	1	—	2	≤10	≤15	
一级	Ⅲ			4	≤20	≤30	
二级	Ⅱ	1	—	1~2	≤10	≤15	
二级	Ⅲ			2	≤20	≤30	

注：1. 测回是指照准目标1次，读数2~4次的过程。
2. 根据具体情况，测边可采取不同时间段观测代替往返观测。
3. a—标称精度中的固定误差，mm；b—标称精度中的比例误差系数，mm/km；D—测距长度，km。

附表 1-7 测量精度等级

测距仪精度等级	每公里测距中误差 m_D/mm	
Ⅰ级	$m_D \leqslant 5$	
Ⅱ级	$5 < m_D \leqslant 10$	$m_D = \pm(a+bD)$
Ⅲ级	$10 < m_D \leqslant 20$	

注：表中符号意义同附表 1-6。

⑥ 桥轴线直接丈量的测回数、基线丈量的测回数、用测距仪测量的测回数及三角网水平观测的测回数，按附表 1-2 中的规定执行。

4.1.2 高程控制测量

在桥梁施工阶段，除了建立平面控制，尚需建立高程控制。桥梁高程控制网就是在桥址附近设立一系列基本水准点和施工水准点，作为施工阶段高程放样以及桥梁营运阶段沉陷观测的依据。因此，在布设水准点时，点的密度及高程控制的精度，均应考虑这两方面的要求。布设水准点可由国家水准点引入，经复测后使用。桥梁高程控制网所采用的高程基准应与公路路线的高程基准一致，一般应采用国家高程基准。

基本水准点是桥梁高程的基本控制点。为了获取可靠的高程起算数据，江河两岸的基本水准点应与桥址附近的国家高级水准点进行联测。通过跨河水准测量，将两岸高程联系起来，以此可检校两岸国家水准点有无变动，并从中选取稳固可靠、精度较高的国家水准点作为桥梁高程控制网的高程起算点。

基本水准点在桥梁施工期间用于墩、台的高程放样，在桥梁建成后作为检测桥梁墩、台沉陷变形的依据，因此需永久保留。基本水准点应选在地质条件好、地基稳定、使用方便、在施工中不易被破坏的地方。一般在正桥两岸桥头附近都应设置基本水准点，每岸至少应设置一个。如果引桥长于 1km 时，还应在引桥起、终点及其他合适位置设立。由于桥梁各墩、台在施工中一般是由两岸较为靠近的水准点引测高程，为了确保两岸水准点高程的相对精度，应进行精密跨河水准测量。

为了满足桥梁墩、台施工高程放样的要求，应在基点的基础上设立若干施工水准点。基本水准点是永久性的，它既要满足施工要求，又要满足变形观测时永久使用要求。施工水准点只用于施工阶段，要尽量靠近施工地点，测量等级可略低于基本水准点。

无论是基点还是施工水准点，均要选在地基稳固、使用方便且不易破坏的地方。根据地形条件，使用期限和精度要求，埋设不同类型的标识。如果地面覆盖层较浅，可埋设普通混凝土、钢管标识或直接设置在岩石上的岩石标识；当地面覆盖层较厚且覆盖物较疏松时，则应埋设深层标识，如管柱标识、钻孔桩标识以及基岩标识等。无论采用何种类型的标识，均应在标识上嵌入不锈蚀的铜质或不锈钢凸形标志。标识埋设后不能立即用于水准测量，应有 10~15 天以上的稳定期，之后才能进行观测。

对于中小桥和涵洞工程，由于工期短，桥型简单，精度要求低于大桥，可以在桥位附近的建筑物上设立水准点，或者采用埋设大木桩作为施工辅助水准点，也可利用路线水准点，但必须加强复核，确保精度符合要求。

所有水准点，包括基本水准点和施工水准点，都应定期进行测量，检验其稳定性，以保证桥梁墩、台及其他施工高程放样测量的精度。在水准点标识埋设初期，检测的时间间隔宜短些，随着标识逐渐稳定，时间间隔可适当放长。

（1）高程控制测量的技术要求

① 桥梁的高程控制网需要以较高的精度施测，因为它直接影响桥梁各部位高程放样的相对精度。《公路桥涵施工技术规范》（JTG/T F50—2011）规定水准测量等级的确定应符合下列要求：2000m 以上的特大桥一般为三等，1000～2000m 的特大桥为四等，1000m 以下的桥梁为五等。水准测量的等级划分及主要技术要求见附表 1-8。

附表 1-8 水准测量的主要技术要求

等级	每公里高差中数中误差/mm		水准仪的型号	水准尺	观测次数		往返较差、附合或环线闭合差/mm
	偶然中误差 M_Δ	全中误差 M_W			与已知点联测	附合或环线	
二等	±1	±2	DS_1	因瓦	往返各一次	往返各一次	$±4\sqrt{L}$
三等	±3	±6	DS_1	因瓦	往返各一次	往一次	$±12\sqrt{L}$
			DS_3	双面		往返各一次	
四等	±5	±10	DS_3	双面	往返各一次	往一次	$±20\sqrt{L}$
五等	±8	±16	DS_3	双面	往返各一次	往一次	$±30\sqrt{L}$

注：L 为往返测段、附合或环线的水准路线长度，km。

在进行基本水准点设立时的水准测量精度应符合附表 1-8 的规定。

② 水准测量的高差偶然中误差 M_Δ 按照式（附 1-7）计算：

$$M_\Delta = \sqrt{\frac{1}{4n}\left[\frac{\Delta\Delta}{L}\right]} \qquad \text{（附 1-7）}$$

式中 M_Δ——高差偶然中误差，mm；
  Δ——水准路线测段往返高差不符值，mm；
  L——水准路线长度，km；
  n——往返测的水准路线测段数。

③ 水准测量的高差全中误差 M_W 按照式（附 1-8）计算：

$$M_W = \sqrt{\frac{1}{N} \times \frac{WW}{L}} \qquad \text{（附 1-8）}$$

式中 M_W——高差全中误差，mm；
  W——闭合差，mm；
  L——计算各闭合差时相应的路线长度，km；
  N——附合路线或闭合路线环的个数。

当二、三等水准测量与国家水准点附合时，应进行正常水准面不平行修正。

④ 特大、大、中桥施工时设立的临时水准点，高程偏差（Δh）不得超过按式（附 1-9）计算的值：

$$\Delta h = ±20\sqrt{L} \quad \text{（mm）} \qquad \text{（附 1-9）}$$

式中，L 为水准点间距离，km。

对单跨跨径≥40m 的 T 形刚构、连续梁、斜拉桥等的偏差（Δh）不得超过按式（附 1-10）计算的值：

$$\Delta h_1 = ±10\sqrt{L} \quad \text{（mm）} \qquad \text{（附 1-10）}$$

式中，L 为水准点间距离，km。

在山丘区，当平均每公里单程测站多于 25 站时，高程偏差（Δh）不得超过按式（附 1-11）

计算的值：

$$\Delta h_2 = \pm 4\sqrt{n} \quad (\text{mm}) \qquad (\text{附 1-11})$$

式中，n 为水准点间单程测站数。

高程偏差在允许值以内时，取平均值为测段间高差，超过允许偏差时应重测。当水准路线跨越江河（或湖塘、宽沟、洼地、山谷等）时，应采用跨河水准测量方法校测。

（2）跨河水准测量　跨河水准测量在桥梁高程控制测量中极为重要，应采用精密的方法测定。对于特大桥，一般采用倾斜螺旋法和经纬仪倾角法。当跨河视线短于 500m，则可采用光学测微法。跨河视线短于 300m 的三、四等水准测量，也可采用水准仪直读法。

跨河水准测量路线，应选在桥址附近且河面最窄处。为了避免折光影响，水准视线不宜跨过沙滩及施工区密集的地方。观测时间及气候条件，应选在物镜成像最稳定的时刻。此外，根据跨河视线长度的不同，可采用单线过河或双线过河。当跨河视线短于 300m 时采用单线过河，超过 300m 时必须双线过河，并在两岸用等精度联测，形成跨河水准闭合环。

① 选择跨河地点的原则　选择跨河地点一般应遵循如下原则：

a. 应尽可能选在桥址附近河面狭窄的地方，河中有洲渚应予利用，并使跨河视线最短。

b. 视线尽可能避开草丛、干丘、沙滩、芦苇的上方，以减弱大气折光的影响。

c. 河两岸仪器的水平视线，距水面的高度应接近相等。当跨河视线长度在 300m 以下时，视线距水面的高度应不小于 2m；视线长度在 300m 以上时，视线距水面的高度应不小于 3m。若视线高度不能满足上述要求时，须埋设高木桩并建造牢固的观测台。

d. 两岸仪器至水边的一段河岸，其距离应相等，地形、土质也应相似。同时，仪器位置应选在开阔、通风的地方，不能选在墙壁、石堆、山坡跟前。

e. 置镜点如设在较松软的土质上时，应设立稳固的支架，防止下沉，一般可打三个大木桩以支承脚架，必要时可用长木桩并建站台以提高视线。置尺点应设置木桩，木桩顶面直径应大于 10cm，长度一般应不小于 50cm，打入地下后，要求桩顶高于地面约 10cm 以上，并钉上圆帽钉。

② 跨河水准测量的布设形式　由于跨河水准的前视、后视的视线长度不能相等且相差很大，同时跨河视线又很长（数百米至几公里），因此仪器 i 角误差及地球曲率和大气折光误差对高差的影响将很大。为消除或减弱上述误差的影响，跨河水准测量应将仪器与水准尺在两岸的安置点位布设成平行四边形、等腰梯形或"Z"字形，如附图 1-10 所示。

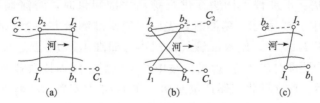

附图 1-10　跨河水准测量布设形式

当用两台仪器同时观测时，可采用附图 1-10 中（a）或（b）所示的形式。图中，I_1、I_2 分别为两岸的测站点，安置仪器；b_1、b_2 分别为两岸的立尺点，竖立水准尺。跨河视线，I_1b_2 与 I_2b_1 的长度应力求相等；岸上视线，I_1b_1 与 I_2b_2 的长度不得短于 10m，且应彼此相等。

当用一台仪器观测时，宜采用附图 1-10 中（c）所示的形式。图中岸上视线，I_1b_1 与 I_2b_2 的长度应相等，并不得短于 10m。此时除 b_1、b_2 要立尺外，测站点，I_1、I_2 在观测中也要作为立尺点立尺。在 I_1、I_2 分别观测 b_1、I_2 两点高差和 b_2、I_1 两点高差，在两岸以一般水准测量方法分别测出 b_2、I_2 两点高差和 b_1、I_1 两点高差，即可求得两立尺点 b_1、b_2 间的高差。

立尺点应设置木桩，木桩顶面直径应大于 10cm，长度一般应不小于 50cm，打入地下后，桩顶应高出地面 10cm，并在其上钉圆帽钉。

为了传递高程和检核立尺点的高程是否发生变化，应在距跨河地点不远于 300m 的水准路线上埋设水准标识。

③ 跨河水准测量注意事项

a. 跨河水准测量最好选在风力微弱、气温变化小的阴天进行。风力在四级以上或风由一岸吹向另一岸时，均不宜观测。

b. 如果是晴天，观测时间上午为日出后 1h 至上午 9 时半左右，下午为 3 时至日落前 1h。可根据地区季节情况适当调整。阴天时，只要成像清晰稳定，即可观测。

c. 观测前应提前将仪器从箱中取出，以适应外界气温。观测时要用白色测伞遮阳。

d. 水准尺要用支架撑稳，观测过程中圆水准气泡应严格居中，使尺处于铅垂位置。

e. 仪器在调换河岸时，不得碰动对光螺旋和目镜，以保证两次观测其对岸尺时望远镜视准轴不变。

f. 仪器调岸的同时，水准尺也应调岸，但当一对尺子的零点差之差不大时，则可只在全部测回进行一半时调换一次。

g. 跨河水准测量的全部测回，应平均安排在上午和下午进行。

h. 跨河水准测量前，立尺点应与水准路线上埋设的水准标识进行联测。在跨河水准测量进行过程中，应对其进行检测，以检查立尺点高程有无变动。

④ 跨河水准测量的方法　跨河水准测量的方法有水准仪倾斜螺旋法、经纬仪倾角法、光学测微法、水准仪直读法、冰上水准测量法、静水面传递高程跨河水准测量法、激光水准仪法等几种。其中水准仪倾斜螺旋法和经纬仪倾角法适用于任何跨河视线长度的跨河水准测量；光学测微法适用于跨河视线长度短于 500m 的跨河水准测量；水准仪直读法适用于三、四等水准路线跨越宽度在 300m 的跨河水准测量且能直接在水准尺上读数；冰上水准测量法适用于冰冻地区的河流在严寒季节进行的跨河水准测量。

a. 水准仪直读法。水准仪直读法在进行跨河水准测量时，跨河地点一般布设成"Z"字形，如附图 1-10 中（c）所示。施测时，先以一般水准测量方法分别测出 b_1、I_1 两点高差，再将水准仪置于 I_1 点上，使水准管气泡居中，照准本岸 b_1 点近尺按中丝读取黑、红面读数各一次。然后照准对岸 I_2 点远尺，按中丝读取黑、红面读数各两次。以上为上半测回。上半测回结束后，应立即将仪器迁至对岸，在 I_2 点上安置，并将 b_1 点和 I_2 点的水准尺分别移至 b_2 点和 I_1 点上，按上半测回观测的相反次序，即先对岸远尺后本岸近尺进行操作，最后再以一般水准测量方法测出 I_2、b_2 两点高差，此为下半测回。

以上操作组成一个测回。一般需观测两测回。通过计算即可求得两立尺点 b_1、b_2 间的高差。在有两台仪器作业的情况下，可按附图 1-10(a)、(b) 所示布设，两台仪器从两岸同时各观测一个测回。两测回间高差不符值，三等应不超过 8mm，四等应不超过 16mm。

如果观测对岸远尺进行直接读数有困难，为提高读数精度，亦可在远尺上安装觇板，由操作水准仪者指挥将觇板沿尺上、下移动，使觇板指标线位于仪器水平视线上，然后按指标线在尺上读取读数。

b. 水准仪倾斜螺旋法。本法适用于各种过河视线长度测定。在观测前应检查所用水准仪的 i 角（水准轴与视准轴不平行所产生的夹角），若 i 大于 $6''$ 时，应校正至 $6''$ 以下，并应检查倾斜螺旋效用的正确性和测定格值。若采用两台仪器对向观测时，还应尽量使两台仪器 i 角同符号；如正负号不同时，则其绝对值之和应小于 $6''$。

若倾斜螺旋分划鼓之各分划间隔所相应之倾斜角相差较大，以致影响对岸远标尺读数达 1mm 以上者，则应求出各分划线的误差并改正之。

i 角的检验及分划鼓格值之测定见国家水准测量规范或细则之附录。

采用本法时，若视线长度超过 500m 时，需用两台仪器从两岸同时对向观测，由两台仪器同时所测的各一测回组成一个双测观测，观测时水准尺上附有觇板，其观测步骤如下：

第一步：观测本岸之远、近标尺。先置标尺于远桩［附图 1-10(a)］中的 C_1，后置标尺于近标尺点即附图 1-10(a) 的 b_1 按光学测微法接连照准基本分划两次并读数。

第二步：观测对岸标尺点之水准标尺［附图 1-10(a)］的 b_2，转动测微器，使平行玻璃板居于垂直位置，然后转动倾斜螺旋，自觇板上最低标志线起，从下至上用望远镜楔形平分丝依次照准标尺觇板上的 1、2、3、4 四条标志线（附图 1-11），然后再从上至下反向照准。在照准标志线 1、2 和 3、4 之间应旋进倾斜螺旋使气泡准确符合两次，待气泡稳定后才进行分划鼓读数。每次读取倾斜螺旋分划鼓的读数共得 6 个读数，是为往测；返测时则以楔形平分丝依次平分 4、3、2、1 四条标志线，也得 6 个读数。以上操作组成一组观测，以后各组观测按同法进行。

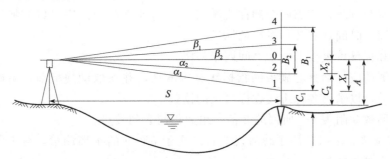

附图 1-11 倾斜螺旋法观测示意图

每组观测中照准同一标志线往返测的分划鼓或符合水准器读数之差应不大于 $±2''$；往返测气泡四次重合时之分划鼓读数互差不大于 $±0.8''$，超出上述限差时应立即重测全组。

以上两步操作组成一测回中的上半测回。

上半测回结束后，立即搬运仪器和标尺至对岸（注意不得碰动调焦螺钉和测微器）进行下半测回的观测。下半测回应先进行对岸远标尺的观测，尔后进行本岸近标尺的观测。观测每一标尺的操作与上半测回相同。

跨河水准测量之全部测回数，应平均分配于上午与下午，一、二等水准最好在风力微弱及温度变化小之阴天进行，观测时须成像清晰稳定。晴天观测之时间，一般应自日出后一小时起至当地时间上午 9 时 30 分，下午自当地时间 3 时起至日落前一小时止，但可根据地区及季节情况适当变通。先连续观测偶数测回，后一测回观测，应在前一测回结束之河岸上开始。

在跨河水准测量前或其他适当时间，应精密测定每岸远近桩（$b_1 \sim C_1$ 及 $b_2 \sim C_2$）间之高差 ΔH，观测时应置仪器于两桩中间，并逐步变换仪器高度进行 10 次以上之测定。在跨河测量期间与结束后，仍再检测 1~2 次，以检验两木桩间之高差有无变动。

c. 经纬仪倾角法。本法适用于各种跨河视线长度的水准测量。采用本法经纬仪视线在观测时应近于水平位置，一、二等水准测量时应采用两台 J_1 型经纬仪，三、四、五等水准测量可采用 J_2 型经纬仪。

观测前必须测定所使用的经纬仪垂直度盘光学测微器行差及指标差（测定方法见《国家三角测量规范》），并选择指标差较为稳定而无突变的经纬仪进行测量。其观测步骤如下：

第一步：观测本岸近标尺。于盘左位置（垂直度盘在望远镜之左，即正镜位置。盘右类推）用中丝依次照准水准标尺与水平视线最近分划线的下边缘、上边缘各两次，纵转望远镜于盘右位置照准上边缘、下边缘各两次，每次照准后使垂直度盘指示气泡精密符合，并用光学测微器进行垂直度盘读数，盘左或盘右同一边缘两次照准的读数差不应大于 $\pm 3''$。以上操作组成一组，观测近标尺只测一组。

第二步：观测对岸远标尺。取盘左位置用望远镜中丝依次照准觇板上、下标志线各 4 次，每次应使垂直度盘指标气泡严格符合后用光学测微器进行垂直度盘读数，同一标志 4 次照准读数差应不大于 $\pm 3''$；纵转望远镜于盘右位置，按相反次序照准下、上标志线并如前读数。以上操作组成一组观测，根据盘左、盘右观测结果计算标志线与水平视线的夹角，各组所测夹角的互差应不大于 $\pm 4''$。

上述两步操作组成一岸仪器观测的半测回，两岸仪器同时观测组成一测回。

各测回连续观测时，相邻两个测回观测近标尺与远标尺的次序可以互换，但应注意须使两台仪器在同一时间观测各自对岸的标尺。

两台仪器和标尺可仅在上下午之间调岸一次。

每测回观测前应仔细察看觇板的指标线有否滑动，并在取动觇板前，精确测定指标线在标尺上的读数，以求出各标志线在标尺上的读数。

观测的测回数为附表 1-8 所列的 2 倍，组数仍同表列数目。

d. 光学测微法。本法适用于跨河视线长度短于 500m 的水准测量，对 i 角的要求同倾斜螺旋法。其观测步骤如下：

第一步：观测本岸近标尺。按光学测微法接连照准基本分划线两次并读数。

第二步：观测对岸远标尺。旋进倾斜螺旋，使气泡精密符合；转动测微器，使测微器的平行玻璃板居于垂直位置；按约定信号指挥对岸的觇板标志线移至望远镜楔形平分丝中央，并通知对岸将觇板指标线精确对准标尺上最邻近的基本分划线；记下觇板指标线在标尺上的读数，报告置镜的一岸。

旋转测微器按光学测微法连续照准觇板标志线并读取测微器读数 5 次，如此构成一组观测。第二组观测前，将觇板作较大的移动后，重新对准标尺分划线，然后按相同顺序及方法测定第二组，每组内各次远尺之水平丝读数互差不得超过 $0.01S(mm)$。S 为跨河视线长度，以 m 为单位。

以上两步操作组成一测回的上半测回。

上半测回结束后，立即搬运仪器和标尺至对岸进行下半测回的观测。下半测回先观测对岸远标尺，尔后观测本岸近标尺，观测每一标尺的操作与上半测回同。

e. 冰上水准测量法。跨越位于冰冻地区的河流、沼泽、水草地等，可以利用严寒季节在冰上进行水准测量。进行冰上水准测量时，应在严寒前预先在两岸选定跨河地点和埋设水准标石，并与路线上的水准点进行联测。

冰上测量应在冰层有足够的厚度时进行，观测进行中须特别注意安全。

观测开始前，应选定安置仪器及标尺的地点，扫除冰上积雪，在安置标尺处的冰上凿一小坑，于其中插入一根长约30cm、直径约10cm的木桩（顶端钉一圆帽钉），然后浇水使其冻结。在安置仪器的每一支架脚下，同样冻入木桩以支撑仪器脚架。

冰上水准测量的观测方法和各项限差均与相应的各等水准测量的规定相同。

4.2 桥梁中线测量

桥位中线（桥轴线）及其长度是用来作为设计与测设墩台位置的依据，所以测量桥位中线的目的，是控制中线的长度和方向，从而确保墩台位置的正确。因此保证桥轴线测量的必要精度是十分重要的。

桥梁中线一般用4个（中小桥梁可只用2个，涵洞可用转角点桩代替），分设于两岸埋设牢固的桩标固定起来，如附图1-12所示。选择其中位于地势较高河岸的一个桩标作为全部施工期内架设经纬仪核对墩台位置的依据。如果地势较低不能在整个施工期内从此桩标上用仪器看到施工中墩台的顶面时，可以在此桩标上搭设坚固的塔架，并将标点位置引上塔架。

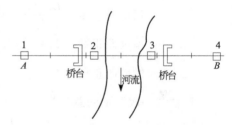

附图 1-12 桥梁中线桩平面布置图

小桥和涵洞中线位置的桩间距离及墩间距离，可用钢尺直接丈量。

大、中桥中线位置的桩间距离的检查校核以及墩台位置的放样，当有良好的丈量条件（例如：桥梁位于旱地、桥侧建有便桥、桥梁的浅滩部分或冬季河流封冻等）时，均应直接丈量。

当沿桥梁中线直接丈量有困难（如河面宽阔、常年有水、冬季不封冻等）或不能保证必要的精度时，各位置桩间与各墩台间的距离可用光电测距法（目前使用电子全站仪测量更为方便）、三角网法等测量。

对于直线桥梁可以直接采用此三种方法中任一种进行测量；对于曲线桥梁，应结合曲线桥梁的轴线在曲线上的位置而定。

4.2.1 直接丈量法

沿桥轴线方向，地势平坦、旱桥或河水较浅能够用钢尺直接丈量、可以通视时，可采取直接丈量法测量桥轴线长度。这种方法所用设备简单，精度也可靠，是一般中、小桥施工测量中常用的方法。

为了保证施工期间的长度丈量精度和量距精度的一致性，在量距之前应对所用的钢尺进行严格的检定，取得尺长改正数 Δ_l。

用钢尺量距的方法如下：

① 清理中线范围内场地。

② 如沿中线两侧的地面平坦时可在桩标上安置经纬仪，沿桥轴线 AB 方向用经纬仪定线，钉出一系列木桩如附图1-13所示，桩的标志中心偏离直线最大不得超过 $\pm 1cm$，桩顶打至与地面齐平。为了便于丈量，

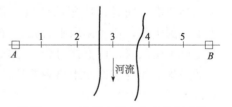

附图 1-13 桥梁中线方向定线示意图

桩间距应比钢尺的全长略为短一些（约 2cm）。

③ 用水准仪测出相邻桩顶间的高差，为了校核应测两次，读至 mm，两次高差之差应不超过 2mm。

④ 丈量时应对钢尺施以标准拉力，每一尺段可连续测量三次，每次读数时均应变换钢尺的前后位置，以防差错。读数取至 0.1mm，三次测量结果的较差不得超过 1~2mm。在测量距离的同时应记下当时的温度，以便进行温度改正。

⑤ 计算桥轴线长度。每一尺段的丈量结果应进行尺长改正 Δ_l，温度改正 Δ_t 以及倾斜改正 Δ_h，即：

$$l_i = l'_i + \Delta_l + \Delta_t + \Delta_h \tag{附1-12}$$

式中 l_i——各尺段经过各项改正后的长度；

l'_i——各尺段未经过各项改正的长度；

Δ_l——尺长改正数，$\Delta_l = L_0 - L$，L_0 为检定时的标准长度，L 为名义长度，当为零尺段时，$\Delta_l = \dfrac{L_0 - L}{L} \times l'$；

Δ_t——温度改正数，$\Delta_t = l'_i a(t - 20℃)$，$a$ 钢尺线膨胀系数，t 为测量时的温度；

Δ_h——倾斜改正值，$\Delta_h = \dfrac{h^2}{2l'_i}$，$h$ 为相邻桩顶高差。

桥轴线一次测量的总长为

$$L_i = l_1 + l_2 + \cdots + l_n \tag{附1-13}$$

取各次丈量结果的平均值，即为桥轴线的长度。

⑥ 评定丈量的精度。

桥轴线的中误差为：

$$M = \pm \sqrt{\dfrac{[VV]}{n(n-1)}} \tag{附1-14}$$

桥轴线的相对中误差为：

$$\dfrac{M}{L} = \dfrac{1}{K} \tag{附1-15}$$

式中 L——桥轴线的平均长度；

V——桥轴线的平均长度与每次观测值之差；

n——丈量的次数。

丈量结果的相对中误差应满足估算精度的要求。

4.2.2 光电测距法

近年来光电测距仪和全站仪已得到广泛应用，因其精度高、速度快、计算简便成为测定桥轴线比较好的一类仪器。

光电测距时应在气象比较稳定，大气透明度好，附近没有光电信号干扰的情况下进行，且应在不同的时间进行往返观测。观测时间的选择，应注意不要使反光镜镜面正对太阳的方向。

当照准方向时，待显示读数变化稳定后，测三四次，取平均值，此平均值即为斜距。为了得到平距，还应读取垂直角，经倾斜改正后，即为单方向的水平距离观测值（如果用的是电子全站仪，可直接得到平距）。如果往返观测值之差在容许范围之内，则取往返观测值的平均值作为该边的距离观测值。

4.2.3 三角网法

采用直接丈量法有困难，或不能保证必要的精度时，可采用间接丈量法测定桥轴线，如附图 1-14 所示。即把桥轴线作为三角网的一个边长，测量基线长度 AC、AD，用三角测量的原理测量并解算，即可得出桥轴线的长度 AB。

布设桥梁三角网的目的是求出桥轴线长度及交会处墩台的位置，因此，布网时应注意以下几点：

① 三角点之间视野应开阔，通视要良好。
② 三角点不应位于可能被淹没及土壤松软地区。
③ 三角网图形要简单，三角点基础应具有足够的强度。
④ 桥轴线应为三角网的一条边，并与基线的一端相连，以确保桥轴线的精度。

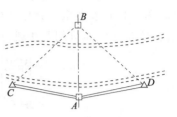

附图 1-14　桥涵三角网图

⑤ 桥梁三角网的边长与跨越障碍物的宽度有关，如跨河桥梁则与河宽有关，一般在 0.5~1.5 倍障碍物宽度范围内变动；由于桥梁三角网边长一般较短，故三边网的精度不及三角网和边角网的精度；测角网能控制横向误差，测边网能控制纵向误差，故把两者的优点结合起来，布设成带有基线的边角网为最好。

⑥ 三角网基线应选在地势平坦处，纵向坡度应不大于 5%，困难地区可放宽至 10%。

⑦ 为了校核起见，应至少布设两条基线，桥长超过 500m 时，两岸均应设置基线。基线长度应为桥轴线长度的 0.7~0.8 倍。基线与桥轴线接近垂直或略小于 90°，求距角不小于 30°。

桥梁三角网的基本图形为大地四边形和三角形，并以控制跨越河流的正桥部分为主，应用较多的网形为双三角形、大地四边形、双大地四边形及大地四边形与三角形相结合的图形，如附图 1-15 所示，(a)、(b) 两种网形适用于桥长较短，需要交会的水中墩、台数量不多的情况；(c)、(d) 两种网形的控制点数多，图形精度高，便于交会墩、台位，适用于特大桥。

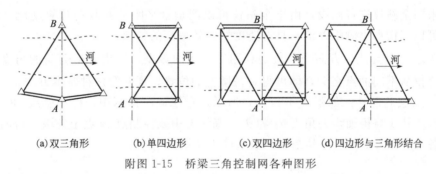

(a) 双三角形　　(b) 单四边形　　(c) 双四边形　　(d) 四边形与三角形结合

附图 1-15　桥梁三角控制网各种图形

4.3　桥梁墩台定位与墩台轴线测量

在桥梁施工测量中，最主要的工作是准确地定出桥梁墩、台的中心位置和它们的纵横轴线，这些工作称为墩台定位。直线桥梁墩台定位所依据的原始资料为桥轴线控制桩的里程和墩、台中心的设计里程，根据里程算出它们之间的距离，按照这些距离即可定出墩、台中心的位置。曲线桥所依据的原始资料，除了控制桩及墩、台中心的里程外，尚有桥梁偏角、偏距及墩距或结合曲线要素计算出的墩、台中心的坐标值。

水中桥墩的基础施工定位时，由于水中桥墩基础的目标处于不稳定状态，在其上无法使测量仪器稳定，一般采用方向交会法；如果墩位在干枯或浅水河床上，可用直接定位法；在已稳固的墩台基础上定位，可以采用方向交会法、距离交会法、极坐标法或直角坐标法。

4.3.1 直线桥梁墩台定位

位于直线段上的桥梁，其墩、台中心一般都位于桥轴线上。根据桥轴线控制桩 A、B（附图 1-16）及各墩、台中心的里程，即可求得其间的距离。墩位的测设，根据条件可采用直接丈量法、光电测距法或方向交会法。

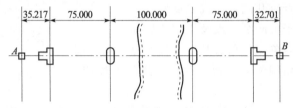

附图 1-16　直线桥梁墩台直接丈量定位图

（1）直接丈量法　当桥墩位于地势平坦、可以通视、人可以方便通过的地方且用钢尺可以丈量时，可采用这种方法，如附图 1-16 所示。丈量前钢尺要检定，丈量方法与测定桥轴线相同。不同的只是此处是测设已知长度，在测设前应将尺长改正数、温度改正数及倾斜改正数考虑在内，将已知长度转化为钢尺丈量长度。为了保证丈量精度，施测时的钢尺拉力应与检定时的钢尺拉力相同。

（2）光电测距法　只要墩台中心处能安置反光镜，且光电测距仪或全站仪和反光镜之间能通视，则用此法是迅速方便的。

采用测距仪测设时应根据当时测出的气压、温度和测设距离，通过气象改正，得出测设的显示斜距。在测设出斜距并根据垂直角折算为平距后，与应有的（即设计的）平距进行比较，看两者是否相等。根据其差值前后移动反光镜，直至两者相符，则反光镜处即为要测设的墩位。

如果采用全站仪进行测设，由于全站仪可以测量水平距离并具备计算功能，因此通过设定仪器可以直接得出测距差值，具有速度快、效率高的特点。

（3）方向交会法　方向交会法是利用三角网的数据，算出各交会角的角度，然后利用 3 台经纬仪从不同的点交会，即可得到桥墩台的位置。现介绍两种基本方法：

① 一岸交会施测法。如附图 1-17(a) 所示，在原设三角网中，已知基线 BC 和 BD 长度为 d、d_1，基线与桥轴线夹角为 θ_1 和 θ_2，基线上中线控制点 B 点至各墩、台的距离，则可计算出各交会角 α_i、β_i，将其制成图表供施工使用。

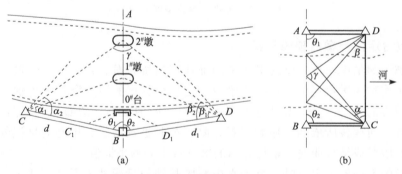

附图 1-17　交会法控制墩台位置图

施测过程中用三架 J_1 或 J_2 型经纬仪同时自三个方向交会，以加快速度。即将两台仪器

安置在 C、D 两点，后视 B 点拨出 α_i、β_i 角，再将一台仪器置于 B 点瞄准 A 点，这样三条线形成了一个误差三角形，再于此误差三角形内取一点作为欲求之墩、台位置（误差三角形内容见③内容）。

各交会角应介于 $30°\sim120°$，且 γ 角 $\geqslant 90°$，否则须设辅助点 C_1、D_1 以交会靠近 B 端的墩台。

α、β 角按下列公式计算：

$$\alpha = \arctan \frac{l\sin\theta_1}{d - l\cos\theta_1} \tag{附1-16}$$

$$\beta = \arctan \frac{l\sin\theta_2}{d_1 - l\cos\theta_2} \tag{附1-17}$$

式中　l——中线控制点 B 至墩中心的距离；

　　d，d_1——基线长度。

② 两岸交会施测法。如附图 1-17(b) 所示，在原设三角网中，已知基线 AD 和 BC 长度，基线与桥轴线夹角 θ_1 和 θ_2，基线上中线控制点 B、A 至各墩、台的距离，则可计算出各交会角 α_i、β_i，将其制成图表供施工使用。

施测时用三架 J_1 或 J_2 型经纬仪同时自三个方向交会，以加快速度。用两台经纬仪于 C、D 点置镜，拨出 α_i、β_i 角，另外一台经纬仪置于 B 点（或 A 点）瞄准 A 点（或 B 点）则与中线构成误差三角形，取点时必须以桥轴线方向为准，在其他两个方向线的相交处作垂直桥轴线的交点，即为欲求之墩心位置。交角 α_i、β_i 应介于 $30°\sim120°$ 之间，中间墩之交角 γ 最好在 $60°\sim90°$ 之间。

③ 交会误差的改正与检查——误差三角形。自基线端点（或置镜点）所得两条视线之交点必然会偏桥轴线一微小距离，或左或右，此误差三角形的改正与检查简述如下：如附图 1-18 所示（两岸交会亦同理），置镜于 C、D 两点，拨出 α_i、β_i 角，两交会线与桥轴中线构成误差三角形，以桥轴线方向为准，将两交会线的交点投影于桥轴线上得一点即为桥墩中心位置。误差三角形的边长 P_1P_2、P_1P_3 对墩身底部不宜超过 2.5cm，对墩顶不宜超过 1.5cm。

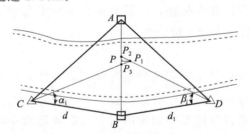
附图 1-18　方向交会法的误差三角形

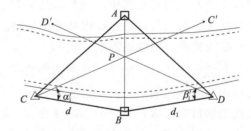
附图 1-19　方向交会法的固定瞄准标志

利用此法可就地在桩上（或墩台砌体上），用折尺或三角板进行。如误差三角形过锐，则应先找出三角形的重心然后将重心点投影于桥轴线上，投影点即为墩台中心。

交会误差的检查：如附图 1-19 所示，在得出 P 点后，置镜于 C、D 点测量 $\angle BCP$ 及 $\angle BDP$ 各 $2\sim3$ 个测回。设观测结果为 α' 及 β'。根据 α' 及 β' 值计算 BP 的距离（如按 α' 及 β' 值分别计算的 BP 不同时，取其平均值）。设理论上该墩台中心至 B 点距离为 BP'，则 $BP'-BP$ 为该墩交会点在桥轴线上的误差。此值应在容许误差范围内（砌体墩台容许误差为 2cm，混凝土墩台容许误差为 1cm），如超过规定容许误差时应根据误差值从 P 点沿中轴

线量取得出 P'，则 P' 为桥墩、台中心。

在桥墩施工中，随着桥墩的逐渐筑高，中心的放样工作需要重复进行，且要求迅速和准确。为此，在第一次求得正确的桥墩中心位置 P_i 以后，将 CP_i 和 DP_i 方向线延长到对岸，设立固定的瞄准标志 C' 和 D'，如附图 1-19 所示。以后每次作方向交会放样时，从 C、D 点直接瞄准 C'、D' 点，即可恢复点的交会方向。

（4）极坐标及直角坐标法　在使用经纬仪加测距仪（或使用全站仪），并在被测设点位上可以安置棱镜的条件下，若用坐标法放出桥墩中心位置，则更为精确和方便。

对于极坐标法，原则上可以将仪器置于任何控制点上，按计算的放样数据、角度和距离测设点位。

对于全站仪，则还可以根据测站点、后视点及待放点的直角坐标，自动计算出待放点相对于测站点的极坐标数据，再以此测设点位。

但若是测设桥墩中心位置，最好是将仪器安置于桥轴线点 A 或 B 上（以附图 1-19 为例），瞄准另一轴线点作为定向，然后指挥棱镜安置在该方向上测设 AP_i 或 BP_i 的距离，即可定出桥墩中心位置 P_i 点。

4.3.2　曲线桥梁墩台定位

在山岭地区，路线设弯道较多，桥位要随路线而定，需要架设曲线桥。在现代化的高速公路上，为了使路线顺畅，也需要修建曲线桥，在设计时往往根据具体条件采用不同的处理方法：一是预制安装的简支梁（板）桥梁，线形虽然是曲线，但各孔的梁或板仍采用直线，将各孔的梁或板连接起来实际是折线，各墩的中心即是折线的交点；二是为了美观、协调和线形的顺畅，根据路线的需要设计成弯拱、弯板或弯梁桥，就地浇筑的弯梁（板）以及预制安装的弯梁（板）等。立交桥中的匝道多采用此种形式。

由于跨径、曲线半径、缓和曲线的不同和设置超高、加宽等因素的变化，曲线桥的布置也不尽相同，因此在测量之前，必须详细了解设计文件及有关图表资料，并复核设计图中有关数据，然后进行现场的测量工作。

曲线桥梁墩台中心放样的方法主要有偏角法、支距法、坐标法、交会法和综合法等；对位于干旱河沟的曲线桥，一般采用偏角法、支距法和坐标法；对部分或全部位于水中不能直接丈量的曲线桥墩台，则可采用交会法和综合法进行定位。

曲线桥墩台中线的测量方法：

（1）偏角法　位于干旱河沟的桥梁，可根据设计平面图按精密导线测设方法，用钢尺量距，经纬仪测角，以偏角法来测定墩台中心位置，并根据各墩的横向中心线与梁的中心线的偏角定出墩台横向中心线并设立护桩。即对设计图纸中给定的有关参数和墩台中心距 L、外偏距 E 进行复核无误后，自桥梁一端的台后开始，按顺序逐墩台测角、量距进行定位，最后应闭合至另一台后的已知控制点上。量距的要求同前所述。

（2）坐标法　如果采用测距仪或全站仪进行定位，可以使用坐标法。首先沿桥中线附近布设一组导线，然后根据各墩台中心的理论坐标与邻近的导线点坐标差（应为同一坐标系）求出导线点与墩台中心连线的方位和距离。置镜该导线点拨角测距即可定出墩台中心，并可用偏角法进行复核。

（3）交会法　凡属曲线大桥和有水不能直接丈量的桥墩、台，均应布设控制三角网，用前方交会法控制墩位。对三角网的要求、测设和计算如前所述。

（4）综合法

① 一部分为直线，另一部分为曲线，曲线在岸上或浅滩上，如附图 1-20（a）所示。测量时由基线 A、B、C 三角点上交会河中两墩，施测的详细方法见前面部分内容。对岸曲线上的桥台可自曲线起点（也即三角点 D）用精密导线直接丈量法测定，本岸桥台用直接丈量法或由辅助点 A'、B' 交会亦可。

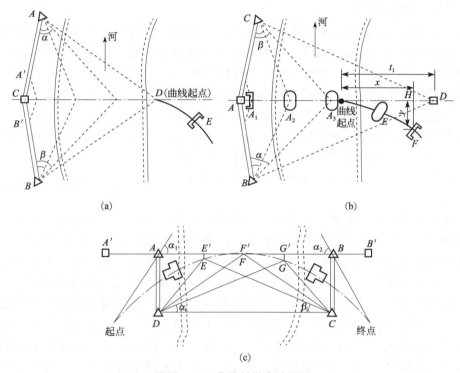

附图 1-20　曲线桥墩台放样图

② 一部分为直线，另一部分为曲线，曲线起点（或终点）在河中，如附图 1-20（b）所示。在直线延长线上设 D 点，由三角网 $BACD$ 中测算 AD 长度，AD 减去 A 至曲线起点距离得 t_1，再计算 F 台在切线上的投影 x 及支距 y，由 D 点在直线上丈量 t_1-x 得点 H，量支距 y 得 F 台。同样用支距法定出 E 墩，或置镜于 F 点用偏角法定出 E 墩。

③ 桥梁全部在曲线上，如附图 1-20（c）所示。这时应先在室内按比例绘制出全桥在曲线上的平面位置图，拟定 AB 辅助切线。AB 最好切于某一墩中心，以减少部分计算。选择 A、B（或 A'、B'）点要能通视各墩，便于交会。然后算出：曲线起点至 A 点距离，曲线终点至 B 点距离，偏角 α_1、α_2，AB 长度，AB 至各墩之垂足 E'、F'、G'、…之间的距离，$E'E$、$F'F$、$G'G$、…各墩的切线支距。然后进行现场实测，由起点和终点引出 A、B 两点；设置基线 AD、BC，从三角网 $ABCD$ 中测算 AB 长，量出 α_1、α_2 角值。这时测算值与图上算得值不符时，应检查错误，改正后重测。只有当这些数值无误后，方能计算由 C、D 三角点至 E'、F'、G'、…点之交会角 α_i、β_i，以交会出各墩垂足，再从垂足用支距法引出墩中心。如支距过长，可算出墩中心坐标，由 C、D 点直接交会。桥台位于岸上，用偏角法或切线支距法测设均可。

一般路线设计中常用的有圆曲线和缓和曲线，它们的曲线要素有较为固定的计算公式。在设计文件已给定墩、台定位有关数据时，只需重新复核无误即可按其进行放样定位。

但数据通常并不能满足施工的需要，应按路线测设资料、曲线有关要素，求出以各墩台中心为顶点的直线，再用偏角进行定位。

对于坐标值的计算，一般在直角坐标系中的应用较为普遍、简便。可以先建立以墩台中心为原点，切线及法线方向为坐标轴的局部坐标系，在局部坐标系中确立待放点局部坐标值；再利用墩台中心的路线坐标值将局部坐标值转换至路线坐标中。

4.3.3 墩台纵横轴线测量

墩台中心测设定位以后，尚需测设墩台的纵横轴线，作为墩台细部放样的依据。在直线桥上，墩台的横轴线与墩台的纵轴线重合，而且各墩台一致。所以可以利用桥轴线两端控制桩来标志横轴线的方向，而不再另行测设标志桩。

在测设桥墩台纵轴线时，应将经纬仪安置在墩台中心点上，然后盘左、盘右以桥轴线方向作为后视，然后旋转 90°（或 270°），取其平均位置作为纵轴线方向，如附图 1-21 所示。因为施工过程中经常要在墩台上恢复纵横轴线的位置，所以应于桥轴线两侧各布设两个固定的护桩。

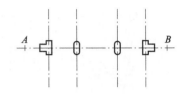

附图 1-21　直线桥梁纵横轴线图

在水中的桥墩，因不能架设仪器，也不能钉设护桩，则暂不测设轴线，等筑岛、围堰或沉井露出水面以后，再利用它们钉设护桩，准确地测设出墩台中心及纵横轴线。

对于曲线桥，由于路线中线是曲线，而所用的梁板是直的，因此路线中线与梁的中线不能完全一致，如附图 1-22 所示，梁在曲线上的布置是使各跨梁的中线连接起来，成为与路中线相符合的折线，这条折线称为桥梁的工作线。墩台中心一般就位于这条折线转折角的顶点上。放样曲线桥的墩台中心，就是测设这些顶点的位置。在桥梁设计中，梁中心线的两端并不位于路线中线上，而是向曲线外侧偏移一段距离 E，这段距离 E 称为偏距；相邻两跨梁中心线的交角 α 称为偏角；每段折线的长度 L 称为桥梁中心距。这些数据在桥梁设计图纸上已经标定出来，可直接查用。

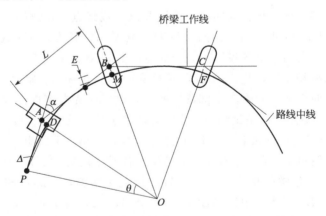

附图 1-22　预制安装曲线桥梁桥墩纵横轴线图

曲线桥在设计时，根据施工工艺可设计成预制板装配曲线桥或者现浇曲线桥，对于前者桥墩台中心与路线中线不重合，桥墩台中心与路线中线有一个偏距 E，如附图 1-22 所示；对于后者，如附图 1-23 所示，桥墩台中心与路线中线重合，在放样时要注意。

对于预制板装配曲线桥放样时，可根据墩台标准跨径计算墩台横轴线与路中线的交点坐标，放出交点后，再沿横轴线方向量取偏距 E 得墩台中心位置，或者直接计算墩台中心的坐标，直接放样墩台中心位置；对于现浇曲线桥，因为路中线与桥墩台中心重合，可以计算墩台中心的坐标，根据坐标放样墩台中心位置。

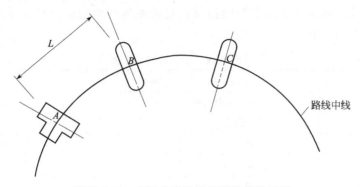

附图 1-23　现浇曲线桥梁桥墩纵横轴线图

5　隧道施工放样

5.1　隧道贯通测量的精度要求

在隧道施工过程中，由于地面控制测量、联系测量、洞内控制测量以及细部放样所产生的误差，使得两个相向开挖的工作面的施工中线，不能理想地衔接而产生错开的现象，即所谓贯通误差。贯通误差在路线中线方向上的投影长度称为纵向贯通误差；在垂直于中线方向的投影长度称为横向贯通误差；在高程方向上的投影长度称为高程贯通误差。纵向贯通误差影响隧道中线的长度，只要它不低于路线中线测量的精度（一般取小于或等于 $L/2000$，L 为隧道两开挖洞口间的长度），就不会影响到路线纵坡。因此公路勘测规范未对纵向贯通误差作出要求。高程贯通误差影响到隧道的纵坡，一般应采用水准测量的方法测定，限差容易满足。横向贯通误差的精度至关重要。如果横向贯通误差过大，就会引起隧道中线几何形状的改变，严重者会使衬砌部分侵入到建筑限界内，影响施工质量，造成经济损失。

《公路勘测规范》（JTG C10—2007）对隧道两相向开挖施工中线在贯通面上的极限误差（取两倍中误差）作出如下规定，见附表 1-9。

附表 1-9　隧道贯通极限误差

两相向开挖洞口间长度/m	<3000	3000～6000	>6000
横向贯通误差限差/mm	150	200	视仪器设备及施工需要另行规定并报告有关部门
高程贯通误差限差/mm	70		

隧道贯通误差主要来源于地面控制测量误差、洞内控制测量误差及竖井联系测量误差。

对于没有竖井的隧道，横向贯通误差主要来自地面控制测量和洞内导线测量。一般情况下，地面上的观测条件要优越于洞内的观测条件，因此对于地面控制测量的精度要求要高一些，而将洞内导线测量的精度要求适当降低。现行规范是将地面控制测量的误差作为影响隧道贯通误差的一个独立因素来考虑，而将地下两相向开挖的洞内导线测量误差作为一个独立因素来考虑。设隧道总的横向贯通中误差的容许误差为 $M_横$，按照等影响原则，

洞外地面控制测量误差所产生的横向贯通误差的容许值 $m_{外}$ 为

$$m_{外} = \frac{M_{横}}{\sqrt{3}} = 0.58 M_{横} \qquad (附1-18)$$

根据上述公式，规范对地面和洞内控制测量误差所产生的横向贯通中误差的容许值作出如下规定，见附表 1-10。

附表 1-10 横向贯通中误差

测量部位	横向中误差/mm		高程中误差/mm
	两开挖洞口之间长度/m		
	<3000	3000～6000	
洞外	45	55	25
洞内	60	80	25
总的横向（高程）中误差	75	100	35

对于通过竖井开挖的隧道，横向贯通误差受竖井联系测量的影响也很大，通常将竖井联系测量的误差也作为一个独立因素，并按等影响原则分配。如通过洞口和一个竖井开挖时，则

$$m_{外} = \frac{M_{横}}{\sqrt{4}} = 0.50 M_{横} \qquad (附1-19)$$

当通过洞口和两个竖井开挖时，则

$$m_{外} = \frac{M_{横}}{\sqrt{5}} = 0.45 M_{横} \qquad (附1-20)$$

高程贯通误差来源于地面和洞内水准测量误差。洞内的水准测量路线短、高差变化较小，这些方面比地面水准测量有利，而洞内也有水汽、烟尘、光亮度差及施工干扰等不利因素，因此规范将洞内与地面水准测量误差均作为影响高程贯通误差的一个独立的因素来考虑。设隧道总的高程贯通中误差的容许值为 M_H，按照等影响原则，则地面与洞内水准测量误差所产生的高程贯通中误差的容许值相同，均为

$$m_H = \frac{M_H}{\sqrt{2}} = 0.71 M_H \qquad (附1-21)$$

根据式（附 1-21），规范中规定的高程中误差的容许误差见附表 1-10。无论隧道有多长，高程贯通中误差的容许值不变。

如果隧道通过竖井开挖，可将竖井传递高程的测量误差也作为影响高程贯通误差的一个独立因素，则一个竖井高程贯通中误差容许值为：

$$m_H = \frac{M_H}{\sqrt{3}} = 0.58 M_H \qquad (附1-22)$$

两个竖井高程贯通中误差容许值为：

$$m_H = \frac{M_H}{\sqrt{4}} = 0.50 M_H \qquad (附1-23)$$

5.2 隧道控制测量

5.2.1 隧道施工地面控制测量

隧道地面控制测量应根据隧道的形状、长度、地形情况、施工方法、辅助坑道的布设

情况，以及现有的仪器设备和人员的技术水平等因素，选用中线、导线、三角锁（网）等形式作为平面控制。为保证控制网自身的精度，均应采用独立网。

① 中线控制。以路线中线作为隧道的平面控制，就是把路线中线的位置用控制桩标定在洞顶上。如附图 1-24 所示。

附图 1-24　直线隧道中线控制桩示意图

对于曲线隧道，一般是在隧道洞顶测设曲线切线，必要时也可在洞顶测设曲线点。如果曲线交点无法标定或者不便利用，也可以采用虚交的方式，如附图 1-25 所示。施工时，可利用切线方向和曲线测设元素将中线延伸到洞内。

由于所有的控制桩都要设置在路线中线上，使选点工作受到较大限制。山岭地区地形复杂，中线点之间的通视就比较困难。因此中线控制只宜作为较短隧道的地面控制，一般可用于小于 1km 的直线隧道和小于 500m 的曲线隧道。

② 导线控制。由于导线点比中线点受中线位置的约束相对较小，在布设导线点时更能适应地形的变化，所以导线测量成为当前隧道施工地面控制的主要方法。地面导线的布设形式主要有以下几种：

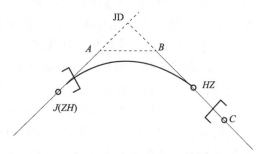

附图 1-25　曲线隧道中线控制桩示意图

a. 导线。单导线又称为自由导线，如附图 1-26 所示。图中 J、C 为隧道进出口控制点，1、2 为导线点，靠近隧道中线布设。这样 J、1、2、C 就构成了单导线。单导线本身不具备检核条件，故测角、测边均应进行往返观测，以确保测量成果的可靠性。

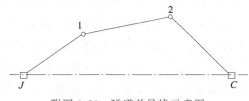

附图 1-26　隧道单导线示意图

单导线适用于只布设少数导线点的短隧道。各导线点的坐标计算同《测量学》中介绍的支导线。

b. 主、副导线环。如附图 1-27 所示，在隧道进出口控制点 J、C 之间，沿隧道中线布设主导线 J、1、2、3、C，在其一侧布设副导线 J、$1'$、$2'$、C，构成主副导线环。观测闭合环的所有内角，进行角度校核；只测主导线的边长而不测副导线的边长，因此不构成坐标闭合条件，可靠性不及闭合导线。闭合环的边数不宜过多，如果主导线较长时，可每隔 2～4 条边构成一个闭合环，形成连续的主、副导线环，如附图 1-28 所示。

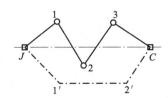

附图 1-27　隧道主、副导线环示意图

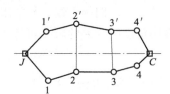

附图 1-28　隧道连续主、副导线环示意图

对于只有一个闭合环的主副导线环，在计算坐标时，在角度闭合差不超限的情况下，可先将角度闭合差反号平均分配至各内角上，然后沿主导线，利用调整后的内角值及边长观测值计算主导线点坐标。

如果是多个闭合环所组成的主副导线环，则可按多边形平差法求取各环内角的平差值，然后沿主导线计算主导线各点的坐标。角度按《测量学》中的闭合导线的平差方法进行平差。

主副导线的形式由于精度的原因主要用于较短的隧道控制。

c. 导线网。导线网一般布设成闭合图形，测量全部内角和边长，构成角度和坐标闭合条件，可有效地对导线测量成果进行校核。

较短的隧道可布设成单一闭合导线；长隧道或者有斜井、横洞等辅助坑道的隧道，可布设成由闭合环组成的导线网，如附图 1-29 所示。导线网一般由数个条件闭合环连接而成，在隧道两洞口之间，沿纵向布设。每个环中，导线点的数目不能太多，环的横向连接一般应设在有辅助坑道的地方。

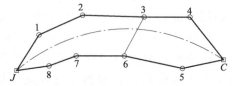

附图 1-29　隧道闭合导线示意图

导线边长也不宜相差太大，应避免设置过短的边，一般情况下，边长不应小于 200m。

隧道导线网的平差，对于较短的隧道，一般网形小，可采用近似平差的方法。对于较长的隧道，则应采用严密平差的方法进行平差，如条件平差、坐标平差等。由于篇幅有限，严密平差的方法在此不作介绍，可参看有关书籍。对于近似平差，在《测量学》教材中有详细的介绍，此处不再赘述。

无论是哪一种导线形式用于隧道地面控制，对于直线型隧道，应尽可能将导线沿着隧道中线布设，以减少导线测量距离误差对隧道横向贯通的影响；而且导线点的个数不宜过多，以减少测角误差对横向贯通的影响。对于曲线隧道，导线也应沿两端洞口连线布设成直伸导线，并将曲线的起终点以及曲线切线上的两点作为导线点。这样，曲线的转角即可根据导线的测量结果计算出来，据此便可将路线定测时所测得的转角加以修正，从而获得更为精确的曲线测设元素。在有横洞、竖井和斜井的情况下，导线应经过这些洞口，以减少洞口设点。

此外，为了减少仪器误差对测角的影响，导线点之间的相对高差不宜过大，视线应高出和偏离障碍物或者高出地面 1m 以上，以减小地面折光和旁折光的影响。对于相对高差较大的导线点，在测角时可采用每次观测都重新整平仪器的方法进行多组观测，取多组观测值的平均值作为该站的最后观测结果。

导线的水平角观测，一般应以总测回数的奇数回和偶数回分别观测导线的左角和右角，并在测左角起始方向上配置水平度盘位置，测站的圆周角闭合差 f 按式（附 1-24）计算：

$$f = 左角平均值 + 右角平均值 - 360° \qquad (附1-24)$$

对于二、三、四等导线，f 的限差可取 $\pm 2''$、$\pm 3.5''$、$\pm 5.0''$。

导线环角度闭合差的限差可按下式计算：

$$W_限 = 2m_\beta \sqrt{n} \qquad (附1-25)$$

式中　m_β——测角中误差，$('')$；

　　　n——导线环内角的个数。

导线环的测角中误差可按式（附 1-26）计算：

$$m_\beta = \sqrt{\frac{f_\beta^2}{n}}{N}$$ (附1-26)

式中　f_β——导线环的角度闭合差，(″)；
　　　n——导线环内角个数；
　　　N——导线环的个数。

导线的边长可采用全站仪观测。仪器在使用时应考虑气象改正和棱镜常数的改正。

③ 三角控制。三角测量使用于长大隧道的地面控制，一般布设成三角锁，测量1~2条基线和全部角度。随着高精度全站仪在工程建设中的普及，也可采用测全部边长的三边网或者采用边角网。三角网在布设控制点时尽可能布设为与贯通面相垂直的直伸三角锁，并且使三角锁的一侧靠近隧道线路中线，如附图1-30所

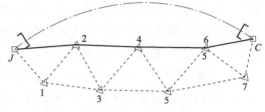

附图1-30　隧道三角锁示意图

示。此外还应将隧道两端洞外的主要控制点纳入网中。这样布设可以减少起始点、起始方向以及测边误差对横向贯通的影响。三角锁的图形一般为三角形，传距角一般小于30°。每个洞口附近应布设不少于三个三角点。

布网时还应考虑与路线中线控制桩的联测方式，如路线交点、转点以及曲线主点等应尽可能纳入主网或作为插点。当洞口控制桩在曲线上时，还应顾及切线方向的标定问题。

隧道三角网的平差通常采用按方向条件平差法，也可采用间接平差法和坐标平差法。

5.2.2　隧道开挖过程中的洞内导线控制测量

隧道在施工过程中不断向前延伸，在测量过程中所产生的误差也不断累积。为了限制误差的累积传递，以免使隧道前进方向的定向定位出现偏差，必须在洞内进行导线控制测量。

① 隧道开挖超过30m，应设立二级导线点，进行导线测量。

② 以二级导线测量的成果检查原有中线点，指示隧道开挖的正确方向，设立新的中线点，同时进行隧道开挖面的碎部测量，绘制草图。

③ 隧道内的二级导线向前推进超过300m，应设立一级导线点，进行一级导线测量，检查二级导线点，为隧道开挖建立高级平面控制。一、二级导线点与一般中线点可以共用同一个点。若点位为一级导线点，必须加固保存。

上述测量过程是定向与控制交替结合进行的过程，控制为定向提供可靠的基础，定向开挖为控制点的建立提供场地条件。

为了加强洞内导线测量的可靠性，导线布设可采用主副导线的布设形式，形成主副导线闭合环。主导线测角、测边，用于传递坐标和方位角，副导线只测角不测边，用于角度闭合。

这种形式具有闭合导线的优点，即导线环经角度平差后，可以提高导线端点的横向点位精度，并对角度测量进行检核，根据角度闭合差还可以评定测角精度，同时减少大量的量距工作。角度闭合差分配后，按改正的角值计算主导线各点的坐标，最后按主导线点的坐标来测设中线点的位置。对设有辅助坑道的隧道，则可将正洞导线和辅助坑道导线相连

接，形成闭合导线。

在观测导线短边夹角时，应尽可能减少仪器对中误差及目标偏心误差的影响。由于洞内光线暗淡，要利用灯光照明。在洞口内外的两个测站测角时，为了克服目标成像不稳定现象和避免折光的影响，宜选择在阴天或夜间进行。隧道长度在2km以内时，导线量边精度应达到1/4000，测角误差应小于5″。

5.2.3 隧道高程控制测量

（1）洞外高程控制测量　一般以水准测量方法进行洞外高程控制测量。当洞口之间的水准路线比较短时，可按五等水准测量的要求施测；当隧道洞口之间的水准路线长度大于10km时，应按四等或者四等以上的水准测量要求施测。施测时在隧道洞口应埋设两个水准点，以备使用过程中的互相检核。

（2）洞内高程传递的特点　洞内高程的传递采用水准测量的方法进行，但其实测方法与一般的水准测量相比较有下列不同之处：

① 由于隧道中线点位有顶板中线点和地面中线点之分，所以立尺的形式则有正立和倒立两种。如附图1-31所示，第一站的后视尺倒立在后中线点，前视尺正立在前中线点。

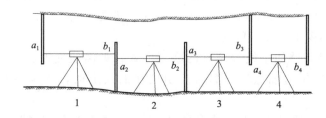

附图1-31　隧道洞内高程测量

② 立尺的形式不同，高差的计算公式也不一样。附图1-31中四个测站高差的计算公式如下：

$$h_1 = -a_1 - b_1 = -(a_1 + b_1)$$
$$h_2 = a_2 - b_2$$
$$h_3 = a_3 - (-b_3) = a_3 + b_3$$
$$h_4 = -a_4 - (-b_4) = -(a_4 - b_4)$$

上述公式表明：正立标尺，标尺读数取正号；倒立标尺，标尺读数取负号。

（3）测量腰线表示隧道的坡度　在隧道掘进中，洞内中线点的高程测设，一方面测设中线点的高程位置；另一方面按5～10m的间隔在隧道洞壁上测设用于表示坡度的高程点。这些高程点设在离隧道地面1.3m左右的隧道洞壁上，这些高程点表示隧道坡度的腰线。

（4）洞内高程控制测量　如同在隧道内进行导线测量一样，洞内高程控制测量是中线点高程测设的基础，按腰线坡度开挖的隧道为高程控制的建立提供了条件。洞内高程控制测量可按三等水准测量的要求进行。在隧道开挖30～80m时，应设立稳固的四等水准点，进行四等水准测量，严格检测中线点的高程，精确测定水准点的高程。在隧道开挖超过300m时，应设立稳固的三等水准点，进行三等水准测量，严格检测中线点和四等水准点的高程，精确测定三等水准点的高程。为后续的四等水准测量和隧道开挖提供起算高程。

5.3 隧道施工放样

在隧道开挖过程中要进行下面几项放样测量工作：隧道中线、曲线方向定向定位，隧道坡度与高程、隧道横断面放样。

5.3.1 隧道中线方向和曲线方向的定向定位

在隧道开挖过程中，一般每隔 5m 测设一个中线桩，以标定开挖方向，控制开挖断面形状，衬砌时定出拱模位置，保证正确、安全地掘进。曲线隧道在开挖过程中不断改变方向，按路线平面线位的放样方法进行。隧道掘进的定向定位一般采用两种方法：一是经纬仪或全站仪拨角法；二是目测法。

（1）**经纬仪法** 实质上是以极坐标法原理测设隧道中线点的方法。随着隧道的不断开拓延伸，利用经纬仪拨角在隧道内测设中线点位，不断指示隧道掘进的方向和位置。

隧道内的中线点有顶板中线点和地面中线点。将木桩打入预先在顶板上测设并钻好的洞内，顶板中线点就用小铁钉设在木桩上，钉上挂有垂球线。隧道地面的中线点应埋设在地面 10cm 以下。

为了避免对隧道的掘进工作和洞内施工运输的影响，中线点的设立可设在隧道中线的一侧形成边线。边线平行于隧道中线，用以代替中线指示隧道的掘进方向。

（2）**目测法** 测量人员根据经纬仪法在隧道顶板设立的一组中线点上，挂上垂球，按三点成线原理，工作人员站在垂球前目测三条垂线可确定定位点的方向及开挖位置和进尺长度。

（3）**曲线隧道的定向和定位** 对于曲线隧道一般采用弦线法。如附图 1-32 所示，AB 是一段圆曲线，半径为 R，转角为 α。现以 AP_1 为例说明曲线的测设方法。

① 计算弦 AP_1 方向的角度 β_A。

a. 按照隧道净宽 D 求取 AP_1 的弦长 L，即

$$L = 2\sqrt{R^2 - (R-S)^2} \qquad \text{(附 1-27)}$$

式中，S 为弓弦高。由附图 1-33 可知，为了使弦线 L 不受隧道内侧的影响，必须使 $S < D/2$。

b. $\alpha'/2$，即

$$\frac{\alpha'}{2} = \arcsin \frac{L}{2R} \qquad \text{(附 1-28)}$$

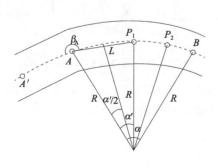

附图 1-32　曲线隧道弦线法示意图

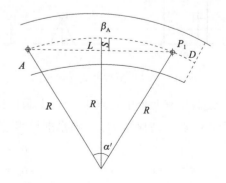

附图 1-33　曲线隧道弦线法放线示意图

c. β_A，即

$$\beta_A = 180° + \frac{\alpha'}{2}$$ （附 1-29）

式中，α' 为弦 L 所对应的圆心角。

② 放样。在 A 点安置经纬仪瞄准 A'（附图 1-32），拨角 β_A 给出隧道开挖的方向线 AP_1，同时随时丈量开挖的隧道长度，直至开挖长度为 L 时，设立中线点 P_1。

③ 按 P_1 点的定位测设方法，依次测设设为 P_1P_2、P_2P_3、…，逐步解决隧道开挖的定向定位。

曲线隧道的开挖定向方法有多种弦线法。如附图 1-34 所示，P_1、P_2 是曲线隧道中线上的点，L_1 是曲线 P_1P_2 的弦长。利用 L_1 及 d 交会出 P 点，则以 PP_2 可确定 P_2P_3 的方向。其中 d 为：

$$d = 2L_1 \sin\frac{\alpha'}{2}$$ （附 1-30）

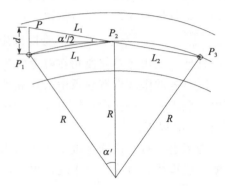

附图 1-34　曲线隧道开挖定向弦线法示意图

5.3.2　隧道坡度和高程放样

考虑隧道纵断面的视距问题，一般纵断面设计成单一坡度，竖曲线设在洞口或洞外，根据施工方法，一般采用控制隧道腰线或洞顶高程进行放样测量。如附图 1-35 所示，该示意图为先开挖洞底，后开挖洞顶。这种开挖方式一般采用腰线控制隧道的坡度。

如附图 1-35 所示，先在洞身侧墙上定出 1 点，在侧墙上标出 2 点的临时点位，量取 1、2 两点之间的距离 D，从设计图纸上查取洞身的设计纵坡 i，则 1、2 两点之间的高差应为：

$$h = Di$$

测设时，在 1 点立水准尺，读数 a，则 2 点的读数为 b 时，1、2 两点连续线的纵坡为 i，b 值为：

$$b = a \pm h = a \pm Di$$

在 2 点立水准尺，在读数为 b 的位置上准确标定 2 点的位置。从 2 点开始，可按上述方法依次标定示意坡度线的 3、4、…各点。

如附图 1-36 所示，先开挖洞顶时，隧道坡度可用图示方法测量洞顶高程进行控制。

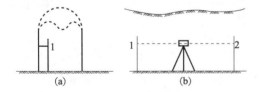

附图 1-35　隧道坡度放样示意图

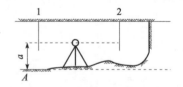

附图 1-36　隧道高程放样示意图

设洞顶有两个中桩点 1、2，由洞顶设计高程推算出其高程为 H_1、H_2，A 点为洞内的一个水准点，高程为 H_A，则水准尺零端放在 1、2 点时，两点读数应为：

$$b_1 = H_1 - H_A - a$$
$$b_2 = H_2 - H_A - a$$

a 值为在水准点 A 立尺的读数。放样时，如 1、2 两点的水准尺读数比 b_1、b_2 的值大，说明洞顶已经超挖，否则为少挖。

5.3.3 隧道横断面放样

隧道开挖时，可用直角坐标法测设断面。断面的起拱线、腰线、路面底、顶面等洞的几何尺寸由设计图纸得到，测设时，以中线和起拱线为依据。用直角坐标法，按上述数据进行横断面形状控制。也可采用极坐标法，从起拱线高程起，按角度和距离控制半圆形的拱断面。

5.3.4 隧道衬砌放样

在隧道的横断面尺寸满足要求后，可按里程将每隔5m或10m的断面列表，列出该断面的拱顶高程、边墙底高程以及衬砌断面的支距，以供放样时使用。

中线两侧衬砌的放样，是以中线点和水准点为依据。放样的部位有起拱线、边墙线、边墙脚等的位置。拱顶内缘、拱脚、边墙脚等的设计高程均应用水准仪放出，并加以标志。

拱部衬砌放样的任务是将拱架安置在正确的位置上，拱架定位并固定好后，即可铺设模板，灌注混凝土。在灌注混凝土的过程中，应经常检查拱架和模板的位置是否移动，若移动值超过允许限度，应在混凝土初凝时予以纠正。

边墙衬砌的放样，若为直墙，可从校准的中线按规定的尺寸放出支距，即可安装模板；若为曲线墙，可从中线按计算好的支距安设带有曲面的模型板，并加以支撑固定，即可开始衬砌。

复习思考题

1. 简述公路工程施工放样的任务和依据。
2. 某地的大地经度为东经$116°23'$，试计算它所在的$6°$带的带号和$3°$带的带号，以及其中央子午线的经度。
3. 公路中线在直线段每50m测设一个桩，钢尺的尺长方程式为$l_t = 30m + 0.008m + [1.25 \times 10^{-5} \times 30(t-20°)]m$。测设时的温度为10℃，施与钢尺的拉力与检定时的拉力相同。求在坡度$i=1\%$的斜坡上，测设50m水平距离的地面测设长度是多少？
4. 在坑道内要求把高程从A点传递到C点，已知$H_A = 78.245m$，要求$H_C = 78.341m$，观测结果A点的后视读数为1.987m，试问在C点应有的前视读数c应为多少？
5. 试述点的平面位置的测设的五种方法。
6. 桥梁控制测量的任务是什么？
7. 桥梁控制测量的主要内容是什么？
8. 桥梁平面控制测量的方法有几种？
9. 桥梁平面控制测量的等级有哪些？
10. 桥梁高程控制测量的任务是什么？
11. 跨河水准测量的方法有几种？选择跨河地点的原则是什么？
12. 桥位中线测量的目的是什么？
13. 桥梁墩台定位的方法有哪些？
14. 《公路勘测规范》（JTG C10—2007）对隧道两相向开挖施工中线在贯通面上的极限误差有何规定？
15. 隧道开挖过程中的洞内导线控制测量有何要求？
16. 隧道施工放样的步骤。

附录二 公路工程施工测量技术工艺标准（桥梁）

1 适用范围

公路（桥梁）工程施工测量技术工艺标准适用于公路工程施工中由设计图纸向实现实质性结构物过程中的所有测量。其主要内容包括：对建设单位所交付的中线位置，三角网、水准点；测定结构物的位置；施工过程中的放线放样，测定并检查施工部位的位置和高程；以及其他施工测量。

2 主要应用标准和规范

1）中华人民共和国行业标准《公路桥涵施工技术规范》（JTG/T F50—2011）。
2）中华人民共和国行业标准《公路工程质量检验评定标准》第一册土建工程（JTG F80/1—2017）。
3）中华人民共和国国家标准《工程测量基本术语标准》（GB/T 50228—2011）。
4）中华人民共和国行业标准《工程测量规范》（GB 50026—2007）

3 测量准备

3.1 技术准备

1）完成对高级控制点的交接、保护工作。
2）熟悉和分析施工现场的地形、地质、水文资料及路线特征，编制施工测量控制总体方案，对施工控制网布设及工序控制制定周密的实施性方案。
3）对测量人员进行仪器操作、技术数据、点位标志标牌、质量与安全措施等技术交底。
4）高级控制点的复测、施工图纸审查复核并上报结果。
5）水准点、导线点加密，布设施工过程足够数量、位置稳定的控制点，进行联测、平差并上报批复。
6）根据招、投标文件，施工合同，设计文件及有关规范，进行桥梁工程分项施工测量方案的编制、优化，并依此进行有关测量内业计算，报项目总工审批。重要工序的施工工艺，应进行可行性研究及专家会审等。
7）建立健全质量保证体系，根据工程总体质量方针、质量目标、质量保证机构、质量保证程序、质量保证措施，制订测量组工作标准、质量职责。

3.2 机具准备

3.2.1 测量仪器设备、附件计量检定

1）主要测量仪器：全站仪（台/套），标称精度为 $\pm(2+2\times10-6\times D)$ mm，2″。经纬仪（台），型号为 J2 型，测角标称精度为 2″。水准仪一般为自动安平水准仪（台/套），精

度±2.0mm/km。自动安平水准仪配合光学测微器，精度可达±0.5mm/km以上。仪器设备、附件必须经计量检定合格。

2）主要配备附件：全站仪配备主要附件：棱镜组（带基座、三脚架）两套，配置对中杆（带棱镜）一根。对讲机四部（带充电器、备用电池各一块）。精密水准标尺一副（3m）、黑红水准标尺一副（3m）、（5m）铝合金塔尺两支、尺垫一对。

3.2.2 施工测量辅助工具准备

计算器、记录本、记录笔、绘图纸、绘图笔、红蓝铅笔、直尺、钢尺、盒尺、皮尺、线坠、线绳、毛笔以及交通工具配备等。

3.3 材料准备

测量放样用材：线绳、木桩、小铁钉、油漆、白灰等满足施工现场测量需要。

3.4 作业条件

1）施工范围内场地清理、完成四通一平。
2）测量仪器设备、配件使用情况正常。
3）有关的测量计划、内业计算、测设资料经审核并获得批准。
4）测量人员已配全［一般分工：主管1人，全站仪组4人，高程控制组2人，资料员1人（兼），合计7人］并持证上岗；对所有的测量人员进行技术培训。

4 施工测量操作工艺

4.1 工艺流程

导线点联测及控制网加密→设计坐标、高程计算复核→桥位（路线）坐标、高程复测→灌注桩桩位放样→护筒中心线高程控制→钻（挖）孔中心复核→灌注桩钢筋笼中心定位→灌注桩成品检测→承台施工控制→承台成品检测→墩柱放样、垂直度、高程控制→墩柱成品检测→盖梁、支座垫石施工控制→盖梁成品检测→梁板预制、吊装（或现浇梁板）控制→预制梁板安装后检测（或现浇梁板成品检测）→桥面系施工检测（桥面铺装控制，护栏墩、隔离带平面位置控制及成品验收）→全桥竣工验收。

4.2 操作方法

4.2.1 导线点联测及控制网加密

导线控制网布设形式主要为：三角锁（网）、附合导线、闭合导线、支导线。导线点间距一般为100～200m，选择在坚固、稳定、不易破坏的位置，导线点相互通视良好。联测平差完成经测量监理工程师核查、批准后进行施工测量放样。

4.2.2 设计坐标、高程计算复核

设计坐标、高程数据、测量控制数据必须进行计算复核，严格执行测量工作双检制，复核无误后方可进行现场测量放样，流程如附图2-1所示。

4.2.3 桥位（路线）坐标、高程复测

依据设计资料对桥位（路线）坐标位置、高程进行复测，核对实测结果与设计资料是否一致，经测量监理工程师核实，方可进行下道工序施工。

4.2.4 灌注桩桩位放样

采用全站仪极坐标法进行逐桩放样，执行测量放样双检制，放样误差<10mm，并用钢

尺检核相邻桩位中心距离。使用5cm×5cm×35cm木桩作为标志桩，并将木桩周围涂为红白相间明示标志，避免车辆、人为破坏，做好报检、工序交接工作。

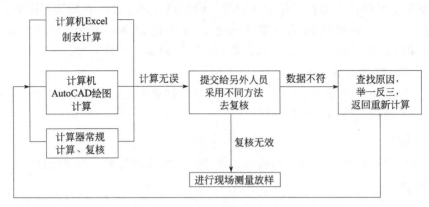

附图2-1　计算、复核工艺流程图

4.2.5　护筒中心线、高程控制

护筒开挖、埋实后将桩位设计中心及时恢复，并用十字线将桩位中心引测至护筒内壁以油漆做好标记；用水准仪测量护筒顶面高程。

4.2.6　钻（挖）孔中心复核

1）钻孔桩钻机开钻前对中心进行检测，偏差＜10mm方可允许开钻。钻进过程、成孔前、成孔后，根据钻进速度定期检测钻杆中心和垂直度偏差，注意钻机平台的平整度检测，发现偏差及时纠正。

2）钻（挖）孔桩开挖过程中主要控制孔口中心、孔壁的垂直度和孔径、钻孔深度。

4.2.7　灌注桩钢筋笼中心定位、高程控制

钻（挖）孔成孔后进行验孔、吊放钢筋笼，钢筋笼顶口中心依据护筒（孔口）中心线控制其定位精度。混凝土浇筑过程中，采取措施避免钢筋笼上浮和位移，确保钢筋笼定位准确。通过护筒顶面设置的临时水准点，对钢筋笼放置高度、混凝土浇筑高度进行控制。

4.2.8　灌注桩成品检测

结合承台施工方案，制订详细的实施承台测量方案、围堰观测方案，基坑开挖过程严格按要求控制开挖深度、厚度，严禁超挖，密切监测围堰的稳定性，确保施工安全、准确。按规范要求控制基坑开挖底高程，做好承台底（封底混凝土）高程的控制检测工作。

承台基坑开挖、凿除灌注桩桩头松散的混凝土，按要求严格控制桩头顶高程，桩头清理完毕后及时恢复钢筋笼实际中心，进行桩中心成品验收，经测量监理工程师核实后方可进行承台施工。

4.2.9　承台施工控制

采用全站仪极坐标法放样承台中心及承台轮廓边缘线，依次进行钢筋绑扎、模板安装、浇筑混凝土，注意控制承台模板顶口尺寸、偏位、高程及侧面的牢固性，精度偏差＜5mm。

4.2.10　承台成品检测

承台施工完成后及时放其顶面中心线，检测顶面高程，进行成品验收。

4.2.11　墩柱放样、垂直度、高程控制

采用全站仪极坐标法测放承台中心、墩柱中心、墩柱纵横轴线方向桩，点位放样精度偏差＜5mm，并用墨斗弹出墩柱轮廓线。

为确保墩柱模板垂直度符合要求,用水准仪严格控制模板底混凝土高程带平整度四角偏差<2mm。用两台经纬仪分别架于墩柱纵横轴线方向桩上,调整、控制、检测模板垂直度,检测完成将模板拉线(风缆)、支撑加固牢,避免浇筑混凝土过程出现位移和偏差,确保墩柱混凝土成品位置符合规范要求。

用水准仪测量墩柱底口四角高程,用钢尺沿墩柱侧面向上引测高程,控制墩柱顶面混凝土高程,一般高出设计3~4cm,待盖梁施工前将墩柱顶部2~3cm凿除,使墩柱、盖梁较好地结合为一体。

4.2.12 墩柱成品检测

墩柱浇筑混凝土完成后,及时将墩柱顶口中心线恢复和引测高程,进行成品检测。

4.2.13 盖梁、支座垫石施工控制

根据墩柱顶口恢复理论中心线控制盖梁底板、顶口轴线,精确控制支座垫石位置、顶面高程、平整度,注意参照盖梁支架预压观测挠度、沉降量,将控制高程适当预抬,使施工成品更趋近于理论位置及高程。

4.2.14 盖梁成品检测

盖梁施工完成后及时将其顶口中心线恢复,进行成品检测。

4.2.15 梁板预制、吊装控制

预制梁板主要控制其台座底板的平整度、尺寸、预留反拱(挠度)等,确保梁板预制外观尺寸与设计基本一致。

4.2.16 预制梁板安装后检测

预制梁板安装控制:主要检测支座安装后平面位置、高程、平整度,梁板安装时控制其底面位置、顶面高程、顶面横纵向坡度等,使相邻梁板连接顺畅。安装连接牢固后,及时进行成品检测。

4.2.17 桥面系施工检测(桥面铺装控制、护栏墩隔离带平面位置控制及成品验收)

桥面铺装主要控制铺装层厚度、顶面高程。按里程桩号坐标测放平面位置,布设成横向约5m,纵向2~5m的高程控制网络,使桥面铺装顶面高程、平整度均符合规范要求。

护栏墩、隔离带使用全站仪极坐标法进行逐桩放样,纵向2~5m测放一个点位控制线形及高程,确保线形、高程顺畅。

施工完成后逐项进行成品验收。

4.2.18 加强自检和成品验收

各工序施工完成及时进行自检,加强自检力度和检测频率,采用不同的方式、方法进行检查,确保施工精度。

施工测量放样、成品检测均应及时报请测量监理工程师逐项核查,符合规范要求、签认后方可进行下道工序施工。

4.2.19 全桥竣工验收

全桥施工完成后依据规范、评定标准进行逐项验收。

5 质量标准

5.1 控制网测量

施工前对导线点进行复测、对控制网进行加密测量,并有复测记录及测量成果,对施

工测量程序、工艺流程、检测手段进行完善检查。

5.2 前期测量

工程开工前，对工程地形、地貌特征，高程进行复测，与工程设计资料比较数据的准确性。

5.3 公路桥梁工程施工测量的精度标准

5.3.1 平面控制测量的精度标准（见附表2-1～附表2-3）

附表2-1 平面控制测量等级的确定

等级	公路路线控制测量	桥梁桥位控制测量	隧道洞外控制测量
二等三角	—	>5000m 特大桥	>6000m 特长隧道
三等三角、导线	—	2000～5000m 特大桥	4000～6000m 特长隧道
四等三角、导线	—	1000～2000m 特大桥	2000～4000m 特长隧道
一级小三角、导线	高速公路、一级公路	500～1000m 特大桥	1000～2000m 中长隧道
二级小三角、导线	二级及二级以下公路	<500m 大中桥	<1000m 特长隧道
三级导线	三级及三级以下公路	—	—

附表2-2 三角测量的技术要求

等级	平均边长/km	测角中误差/(″)	起始边边长相对中误差	最弱边边长相对中误差	三角形闭合差/(″)	测回数 DJ$_1$	测回数 DJ$_2$	测回数 DJ$_6$
二等	3.0	±1.0	1/250000	1/120000	±3.5	12	—	—
三等	2.0	±1.8	1/150000	1/70000	±7.0	6	9	—
四等	1.0	±2.5	1/100000	1/40000	±9.0	4	6	—
一级小三角	0.5	±5.0	1/40000	1/20000	±15.0	—	3	4
二级小三角	0.3	±10.0	1/20000	1/10000	±30.0	—	1	3

附表2-3 导线测量的技术要求

等级	附合导线长度/km	平均边长/km	边长测距中误差/mm	测角中误差/(″)	导线全长相对闭合差	方位角闭合差/(″)	测回数 DJ$_1$	测回数 DJ$_2$	测回数 DJ$_6$
三等	30	2.0	13	±1.8	1/55000	±3.6$\sqrt{n}$	6	10	—
四等	20	1.0	13	±2.5	1/35000	±5$\sqrt{n}$	4	6	—
一级	10	0.5	17	±5.0	1/15000	±10$\sqrt{n}$	—	2	4
二级	6	0.3	30	±8.0	1/10000	±16$\sqrt{n}$	—	1	3
三级	—	—	—	±20.0	1/2000	±30$\sqrt{n}$	—	1	2

5.3.2 高程控制测量的精度标准

公路高程系统，宜采用1985国家高程基准。同一条公路应采用同一高程控制系统。

5.3.2.1 水准测量的技术要求（附表2-4～附表2-8）

附表2-4 公路及构造水准测量等级

项目测量	等级	水准路线最大长度/km
2000m以上特大桥、4000m以上特长隧道	三等	50
高速公路、一级公路、1000～2000m特大桥、2000～4000m长隧道	四等	16
二级及二级以下公路、1000m以下桥梁、2000m以下隧道	五等	10

附表 2-5　水准测量的精度

等级	每公里高差中数中误差/mm		往返较差、附合或环线闭合差/mm		检测已测测段高差之差/mm
	偶然中误差 M_Δ	全中误差 M_W	平原微丘区	山岭重丘区	
三等	±3	±6	$±12\sqrt{L}$	$±3.5\sqrt{n}$ 或 $±15\sqrt{L}$	$±20\sqrt{L_i}$
四等	±5	±10	$±12\sqrt{L}$	$±6.0\sqrt{n}$ 或 $±25\sqrt{L}$	$±30\sqrt{L_i}$
五等	±8	±16	$±30\sqrt{L}$	$±45\sqrt{L}$	$±40\sqrt{L_i}$

注：计算往返较差时，L 为水准点间的线路长度，km；计算附合或环线闭合差时，L 为附合或环线的路线长度，km。n 为测站数。L_i 为检测段长度，km。

附表 2-6　水准测量的主要技术要求

等级	每千米高差全中误差/mm	路线长度/mm	水准仪的型号	水准尺	观测次数		往返较差、附合或环线闭合差/mm	
					与已知点联测	附合或环线	平地	山地
二等	±2	—	DS_1	钢瓦	往返各一次	往返各一次	$±4\sqrt{L}$	—
三等	±6	≤50	DS_1	钢瓦	往返各一次	往返各一次	$±12\sqrt{L}$	$±4\sqrt{n}$
			DS_3	双面				
四等	±10	≤16	DS_3	双面	往返各一次	往一次	$±20\sqrt{L}$	$±6\sqrt{n}$
五等	±15	—	DS_3	单面	往返各一次	往一次	$±30\sqrt{L}$	—

注：1. 结点之间或结点与高线点之间，其线路的长度不应大于表中规定的0.7倍。
2. L 为往返测段、附合或环线的水准路线长度，km；n 为测站数。

附表 2-7　水准测量的观测方法

等级	仪器类型	水准尺类型	观测方法	观测顺序
三等	DS_1	钢瓦	光学观测法	往	后—前—前—后
	DS_3	双面	中丝读数法	往返	后—前—前—后
四等	DS_3	双面	中丝读数法	往返、往	后—后—前—前
五等	DS_3	单面	中丝读数法	往返、往	后—前

附表 2-8　水准观测的主要技术要求

等级	水准仪的型号	视线长度/m	前后视较差/m	前后视累计差/m	视线离地面最低高度/m	基本分划、辅助分划或黑面、红面读数较差/mm	基本分划、辅助分划或黑面、红面所测高差数较差/mm
二等	DS_1	50	1	3	0.5	0.5	0.7
三等	DS_1	100	3	6	0.3	1.0	1.5
	DS_3	75				2.0	3.0
四等	DS_3	100	5	10	0.2	3.0	5.0
五等	DS_3	100	大致相等	—	—	—	—

注：1. 二等水准视线长度小于20m时，其视线高度不应低于0.3m。
2. 三、四等水准采用变动仪器高度单面水准尺时，所测两次高差较差，应与黑面、红面所测高差之差要求相同。

5.3.2.2　光电测距三角高程测量的技术要求

光电测距三角高程测量应采用高一级的水准测量联测一定数量的控制点，作为三角高程测量的起闭依据。光电测距三角高程测量，视距长度不得大于1km，垂直角不得超过15°。高程导线的最大长度不应超过相应等级水准路线的最大长度。

1) 主要技术要求（见附表2-9）

附表2-9 电磁波测距三角高程测量的技术要求

等级	仪器	测回数		指标差较差/(″)	垂直角较差/(″)	对向观测高差较差/mm	附合或环形闭合差/mm
		三丝法	中丝法				
四等	DJ$_2$	—	3	≤7	≤7	$\pm 40\sqrt{D}$	$\pm 20\sqrt{\sum D}$
五等	DJ$_2$	1	2	≤10	≤10	$\pm 60\sqrt{D}$	$\pm 30\sqrt{\sum D}$

注：D 为电磁波测距边长度，km。

2) 其他要求

① 对向观测宜在较短时间内进行；计算时，应考虑地球曲率和折光的影响。

② 三角高程边长的测定，应采用不低于一级精度的测距仪。四等应采用往返各一测回观测，五等应采用一测回观测。

③ 仪器高度、反射镜高度或觇牌高度，应在观测前后量测。四等应采用测杆量测，取其值精确至1mm，当较差不大于2mm，取用平均值；五等量测，取其值精确至1mm，当较差不大于4mm时，取用平均值。

④ 四等垂直观测宜采用觇牌为照准目标。每照准一次读数两次，两次读数较差不应大于3″。

⑤ 当内业计算时，垂直角度的取值，应精确至0.1″；高程的取值，应精确至1mm。

5.4 公路桥梁工程施工测量实测项目允许偏差标准（附表2-10）

附表2-10 公路桥梁工程施工测量实测项目允许偏差标准

分项工程	测量项目		允许偏差	测量仪器和方法
桥梁总体	桥面中线偏位/mm		10	全站仪极坐标法
	桥宽/mm	车行道	±10	全站仪极坐标法
		人行道	±10	
	桥长/mm		+300，-100	全站仪极坐标法
	桥头高程衔接/mm		±3	水准仪
钻（挖）孔灌注桩	桩位/mm	群桩	100	全站仪极坐标法
		排架桩 允许	50	
		排架桩 极值	100	
	孔深/m		不小于设计	测绳测深
	钻孔倾斜度/mm		1%桩长，且不大于500	用测壁（斜）仪或钻杆垂线法
	挖孔倾斜度/mm		0.5%桩长，且不大于200	垂线法
	钢筋骨架底面高程/mm		±50	水准仪配合钢尺丈量钢筋骨架反算
	桩顶高程/mm		±10	水准仪
承台	尺寸/mm		±30	尺量
	顶面高程/mm		±20	水准仪
	轴线偏位/mm		15	全站仪或经纬仪

续表

分项工程	测量项目		允许偏差	测量仪器和方法
墩、台身	断面尺寸/mm		±20	尺量
	竖直度或斜度/mm		0.3%H 且不大于 20	吊垂线或经纬仪
	顶面高程/mm		±10	水准仪
	轴线偏位/mm		10	全站仪或经纬仪
	节段间错台/mm		5	尺量
	大面积平整度/mm		5	2m 直尺
	预埋件位置/mm		符合设计规定，设计未规定时：10	尺量
柱或双壁墩身	相邻间距/mm		±20	尺量或全站仪极坐标
	竖直度/mm		0.3%H 且不大于 20	吊垂线或经纬仪
	柱（墩）顶高程/mm		±10	水准仪
	轴线偏位/mm		10	全站仪或经纬仪
	断面尺寸/mm		±15	尺量
	节段间错台/mm		3	尺量
墩、台帽或盖梁	断面尺寸/mm		±20	尺量
	轴线偏位/mm		10	全站仪或经纬仪
	顶面高程/mm		±10	水准仪
	支座垫石预留位置/mm		10	尺量
梁（板）安装	支承中心偏位/mm	梁	5	尺量
		板	10	
	倾斜度/%		1.2	吊垂线
	梁（板）顶面纵向高程/mm		+8，−5	水准仪
	相邻梁（板）顶面高差/mm		8	尺量
就地浇筑梁（板）	轴线偏位/mm		10	全站仪或经纬仪
	梁（板）顶面高程/mm		±10	水准仪
	断面尺寸/mm	高度	+5，−10	全站仪极坐标、钢尺丈量
		顶宽	±30	
		箱梁底宽	±20	
		顶、底、腹板或梁肋厚	+10，−0	
	长度/mm		+5，−10	尺量
	横坡/%		±0.15	水准仪
	平整度/mm		8	2m 直尺
支座安装	支座中心与主梁中心偏位/mm		2	经纬仪、钢尺
	支座顺桥向偏位/mm		10	经纬仪或拉线检查
	支座高程/mm		按设计规定；设计未规定时：±5	水准仪
	支座四角高差	承压力≤500kN	1	水准仪
		承压力＞500kN	2	水准仪

续表

分项工程	测量项目		允许偏差	测量仪器和方法
桥面铺装	厚度/mm		+10,-5	水准仪、钢尺
	横坡/%	水泥混凝土	±0.15	水准仪
		沥青面层	±0.5	
混凝土防撞护栏浇筑	平面偏位/mm		4	经纬仪、钢尺拉线
	断面尺寸/mm		±5	尺量
	竖直度/mm		4	吊垂线
	预埋件位置/mm		5	尺量
桥头搭板	枕梁尺寸/mm	宽、高	±20	尺量
		长	±30	尺量
	板尺寸/mm	长、宽	±30	尺量
		厚	±10	尺量
	顶面高程/mm		±2	尺量
	板顶斜度	纵/%	0.3	水准仪
		横/mm	20	水准仪

6 成品保护

1）施工测量放样及各工序施工过程中妥善保护好场地的标志桩及护桩，并做好控制点保护和长期稳定性检测、复测工作。

2）结构物施工完成后，应及时将相关中心点、轴线点及高程点，引测到稳定的结构物上，做好结构物成品验收工作。

3）桥梁工程施工完成做好全桥竣工测量验收工作。

7 质量记录

1）测量仪器及辅助工具按规定时间进行计量检定，符合各项精度指标后方可用于工程测量控制。

2）测量放样及复核记录，见附表 2-11（或者按测量监理工程师要求规定）。

附表 2-11 测量放样记录表

测站	后视	测放点	设计坐标/m		实测坐标/m		误差/mm		
			X	Y	x	y	Δx	Δy	Δd

测量放样示意图：

测量： 复核： 测量监理工程师：

3) 结构物成品验收及记录表（见附表 2-12）。

附表 2-12 结构物成品验收及记录表

测站	后视	检测点	设计坐标/m			实测坐标/m			偏差/mm			
			X	Y	H	x	y	z	Δx	Δy	Δd	Δh

检测点位示意图：

测量：　　　　　　　　复核：　　　　　　　　测量监理工程师：

8 安全、环保措施

8.1 安全措施

1) 严格贯彻安全教育制度，贯彻安全施工责任制，贯彻有关安全及操作规程，牢记"安全生产，人人有责"，树立"安全第一"的思想，确保施工、人员、仪器安全。

2) 测量工作做到：

① 水上作业穿好救生衣。

② 进入施工现场必须戴好安全帽。

③ 高空作业穿好防滑鞋、系好安全带；上架子前必须先检查架子牢固与否，确保安全时才可上去。

④ 架设仪器作业时，要与高空作业工种进行联系，防止东西落下造成的安全事故。

⑤ 根据工程各工序的特点，制订施工安全保证措施，进行相应的测量技术交底，确保与有关工种交叉作业安全防护、协调、配合工作。

⑥ 开始测量前，应先将脚架放稳，然后开箱取仪器，注意操作的规范性；仪器架设后，不得离人；仪器迁站时注意仪器搬动和运输过程中的安全。

⑦ 输电线下测量注意水准塔尺等工具应与之保持规定的安全高度。

⑧ 不得任意开动机、电设备，必要时请有关工种协助移动或开动。

⑨ 注意避让交通车辆、施工机械设备等。

⑩ 工作时必须思想集中，不准嬉戏打闹。

8.2 环保措施

1) 施工过程中的废弃物（油漆桶、电池、其他杂物等）按相关规定进行回收、集中处理。

2) 施工测量有义务保护好周围环境，严禁随意砍伐、破坏树木等。

参考文献

[1] 中华人民共和国交通部.公路勘测细则:JTG/T C10—2007[S].北京:人民交通出版社,2007.
[2] 中华人民共和国交通部.公路勘测规范:JTG C10—2007[S].北京:交通部第三航务工程勘察设计院,2007.
[3] 中华人民共和国建设部.工程测量规范:GB 50026—2007[S].北京:中国计划出版社,2007.
[4] 中华人民共和国住房和城乡建设部.建筑变形测量规范:JGJ 8—2016[S].北京:中国建筑工业出版社,2001.
[5] 冯卡,孔德成.公路工程测量与放线一本通[M].北京:中国建材工业出版社,2009.5
[6] 聂让,许金良,邓云潮.公路施工测量手册[M].北京:人民交通出版社,2000.
[7] 刘培文.公路施工测量技术[M].北京:人民交通出版社,2004.
[8] 朱海涛.桥梁工程实用测量[M].北京:中国铁道出版社,2000.
[9] 潘全祥.施工现场十大员技术管理手册——测量员[M].北京:中国建筑工业出版社,2005.
[10] 顾孝烈,鲍峰,程效军.测量学[M].第4版.上海:同济大学出版社,2011.
[11] 胡伍生.土木工程测量学[M].南京:东南大学出版社,2011.
[12] 陈丽华,张豪等.测量学[M].杭州:浙江大学出版社,2009.
[13] 刘秋美.土木工程测量[M].成都:西安交通大学出版社,2011.
[14] 张坤宜.交通土木工程测量[M].北京:人民交通出版社,2011.
[15] 王国辉.土木工程测量[M].北京:中国建筑工业出版社,2011.
[16] 杨少伟等.道路勘测设计[M].第3版.北京:人民交通出版社,2011.
[17] 邰连河.测量学[M].哈尔滨:哈尔滨工业大学出版社,2010.
[18] 周小安.公路测量[M].北京:人民交通出版社,2000.
[19] 郝海森.工程测量[M].北京:中国电力出版社,2010.
[20] 尹继明.工程测量实训指导[M].重庆:重庆大学出版社,2010.
[21] 杨建光.道路工程测量实训指导书[M].北京:测绘出版社,2010.
[22] 齐秀廷.道路工程测量实训[M].北京:机械工业出版社,2011.
[23] 潘威等.公路工程实用施工放样技术[M].北京:人民交通出版社,2004.

应用型人才培养"十三五"规划教材

公路工程施工测量实训手册

冯 卡 孔德成 主编

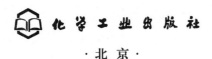

·北京·

前言

本实训手册配合《公路工程施工测量》教材共同使用,手册进行的实训教学内容如下:1. 公路施工测量课程导入;2. 施工放样——高程放样;3. 施工放样——距离、角度放样;4. 施工放样——点的坐标放样;5. 路线偏角法详细放样圆曲线中线放样;6. 用导线控制点恢复中线;7. 路线中桩纵断面高程放样;8. 路基边桩放样;9. 桥位(路线)坐标、高程复测;10. 灌注桩桩位、墩柱放样;11. 利用GPS进行地形测绘;12. 利用RTK进行点放样;13. 利用RTK进行道路工程曲线放样;14. 路线施工高程测量测试考核;15. 路线施工高程放样考核;16. 路线施工平面坐标放样考核;17. 路线中桩位置及高程放样考核;18. 桥梁墩台中桩位置及高程放样考核;19. 全国测量大赛二等水准测量赛项。

实训手册的任务一般由以下几个部分组成:

【目的】提出具体的实训目的,明确本任务的各项目标。

【仪器与工具】提出本次实训任务所需使用的仪器设备和工具,供开展本次实训提前准备。

【内容与要求】引导学生进行技能训练,描述本次实训任务的具体内容和操作要求。

【参考资料】明确完成本次实训任务所需的参考资料,以便教师和学生查阅。

【实训操作原理】通过对本次实训操作原理的准确描述,使学生迅速掌握本次实训操作的实施步骤和方法。

【实训数据】提供本次实训的实训数据,方便教师和学生完成本次实训的相关实操内容。

【成果形式】以不同的成果形式来判断学生本次实训的实际掌握情况,并给予学生真实的学习评价。

编者

2018 年 8 月

目录
CONTENTS

实训任务 1　公路施工测量课程导入训练单　　/ 001
实训任务 2　施工放样——高程放样训练单　　/ 002
实训任务 3　施工放样——距离、角度放样训练单　　/ 004
实训任务 4　施工放样——点的坐标放样训练单 1　　/ 006
实训任务 5　施工放样——点的坐标放样训练单 2　　/ 008
实训任务 6　路线偏角法详细放样圆曲线中线放样训练单　　/ 010
实训任务 7　用导线控制点恢复中线训练单　　/ 012
实训任务 8　路线中桩纵断面高程放样训练单　　/ 014
实训任务 9　路基边桩放样训练单　　/ 016
实训任务 10　桥位（路线）坐标、高程复测训练单　　/ 018
实训任务 11　灌注桩桩位、墩柱放样训练单　　/ 020
实训任务 12　利用 GPS 进行地形测绘训练单　　/ 022
实训任务 13　利用 RTK 进行点放样训练单　　/ 024
实训任务 14　利用 RTK 进行道路工程曲线放样训练单　　/ 026
实训任务 15　路线施工高程测量测试考核　　/ 028
实训任务 16　路线施工高程放样考核　　/ 029
实训任务 17　路线施工平面坐标放样考核　　/ 030
实训任务 18　路线中桩位置及高程放样考核　　/ 031
实训任务 19　桥梁墩台中桩位置及高程放样考核　　/ 032
实训任务 20　全国测量大赛二等水准测量赛项训练单　　/ 033

实训任务 1　公路施工测量课程导入训练单

1　目的

（1）能够阐述公路定义及目前公路工程施工测量的内容及其作用。

（2）对测量仪器进行操作使用的复习与回顾。

2　仪器与工具

（1）每小组到仪器室借领：水准仪 1 台，水准尺 2 个，记录板 1 块。

（2）自备：铅笔、计算器、计算用纸、小刀等。

3　内容与要求

（1）知道坐标和高程的相关知识。

（2）能够使用测量仪器进行测量操作。

4　参考资料

《道路工程测量》和《公路工程施工测量》教材，听教师介绍，仪器操作。

5　成果形式

现场检查学生操作仪器熟练程度见表 1-1。

表 1-1　仪器操作评定表

检查项目	时间	扣分	总得分
水准仪操作			
全站仪操作			

学习效果评价反馈表见表 1-2。

表 1-2　学习效果评价反馈表

班级：		学号：		姓名：		组别：	
任务名称			公路施工测量课程导入				
问题		教师评价					
		极不满意	不满意	一般	满意	非常满意	
		1	2	3	4	5	
1. 能准确运用所学知识完成该任务							
2. 能够积极主动查阅资料完成任务、语言表述清晰							
学生自评总分				教师评价总分			

学生对该教学方法的意见：

对完成任务的意见：

实训过程记录与总结

实训任务 2　施工放样——高程放样训练单

1　目的

能够进行高程放样。

2　仪器与工具

（1）每小组到仪器室借领：水准仪 1 台，水准尺 2 个，记录板 1 块。

（2）自备：铅笔、计算器、计算用纸、小刀等。

3　内容与要求

（1）能够熟练运用高程放样的相关知识。

（2）能够使用水准仪进行高程放样操作。

4　参考资料

《道路工程测量》和《公路工程施工测量》教材。

5　实训操作原理

（1）一般情况下，放样高程位置均低于水准仪视线高且不超出水准尺的工作长度。如图 2-1 所示，A 为已知点，其高程为 H_A，欲在 B 点定出高程为 H_B 的位置。具体放样过程为：先在 B 点打一长木桩，将水准仪安置在 A、B 之间，在 A 点立水准尺，后视 A 尺并读数 a，计算 B 处水准尺应有的前视读数 b：

$$b = (H_A + a) - H_B \qquad (2\text{-}1)$$

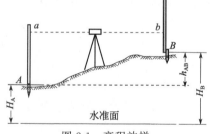

图 2-1　高程放样

（2）靠 B 点木桩侧面竖立水准尺，上下移动水准尺，当水准仪在尺上的读数恰好为 b 时，在木桩侧面紧靠尺底画一横线，此横线即为设计高程 H_B 的位置。也可在 B 点桩顶竖立水准尺并读取读数 b'，再用钢卷尺自桩顶向下量 $b-b'$ 即得高程为 H_B 的位置。

6　实训数据

R 为水准点，$H_R = 15.670\text{m}$（自设水准点），A、B、C 为墙壁上待测点，设计高程 $H_A = 15.820\text{m}$，$H_B = 16.020\text{m}$，$H_C = 16.342\text{m}$，试将 A 点高程放样出来，在墙壁上用粉笔画出 A、B、C 点高程位置（① 放样过程中要计算出 A、B、C 点尺读数为多少时尺底就是设计高程；② 三点间距大约 2m）。放样数据计算见表 2-1。

表 2-1　放样数据计算表格

待测点名称	待测点水准尺读数 （前视计算出数据）/m	水准点高程/m	水准点水准尺读数 （后视读出数据）/m	待测点高程/m
A 点	$b=$	$H_R=$	$a=$	$H_A=$
B 点	$b=$	$H_R=$	$a=$	$H_B=$
C 点	$b=$	$H_R=$	$a=$	$H_C=$

根据上述计算的放样数据，进行 A 点高程的放样，并写出放样步骤。

7 成果形式

学生现场放样的误差是否符合规范要求（误差为±8mm），填表2-2。

表2-2 高程放样评分表

检查项目	计算过程得分	误差得分	总得分
高程放样			

学习效果评价反馈表见表2-3。

表2-3 学习效果评价反馈表

班级：		学号：		姓名：		组别：	
任务名称			高程放样				
问题	教师评价				
	极不满意	不满意	一般	满意	非常满意
	1	2	3	4	5
1. 能准确运用所学知识完成该任务					
2. 能够积极主动查阅资料完成任务					
学生自评总分			教师评价总分		

实训过程记录与总结

实训任务 3　施工放样——距离、角度放样训练单

1　目的

能够进行距离、角度放样。

2　仪器与工具

（1）每小组到仪器室借领：全站仪 1 台，三脚架 2 个，棱镜 1 个，花杆 1 个，记录板 1 块。

（2）自备：铅笔、计算器、计算用纸、小刀等。

3　内容与要求

（1）能够熟练运用距离、角度放样的相关知识。

（2）能够使用全站仪进行高程放样操作。

4　参考资料

《道路工程测量》和《公路工程施工测量》教材。

5　实训操作原理

（1）已知距离的放样　从地面上一个已知点开始，沿已知方向，量出给定的水平距离，定出该段距离的另一端的工作（图 3-1）。

图 3-1　已知距离的放样

步骤：

① 利用一般方法，测设出已知水平距离 D，定出终点。

② 利用水准仪测得起终点之间的高差。

③ 利用下式计算出实地应测设的距离：

$$D' = D - (\Delta L_o + \Delta L_t + \Delta L_h) \tag{3-1}$$

式中，ΔL_o 为尺长改正数；ΔL_t 为温度改正数；ΔL_h 为高差改正数。

④ 利用经纬仪定向，使用检定过的钢尺，按计算出 D' 进行实地标定。

（2）已知水平角的放样　一般测设方法：盘左盘右取中法（图 3-2）。

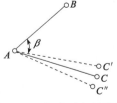

图 3-2　已知水平角的放样

6　实训数据

根据放样数据，在实地中放样四边形具体位置，采用距离放

实训任务3 施工放样——距离、角度放样训练单

样和角度放样的基本方法。

已知：AB 边长为 40m，BC 边长为 30m，CD 边长 25m，AD 边长 35.125m，四边形 4 个内角均为如图 3-3 所示。填写表 3-1。

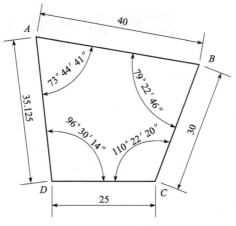

图 3-3 实地中放样四边形

表 3-1 放样数据检测表格

边名称	边长设计值	边长实测值	角名称	角度设计值	角度实测值

根据上述计算的放样数据，进行长方形距离、角度放样，并写出放样步骤。

实训过程记录与总结

实训任务 4 施工放样——点的坐标放样训练单 1

1 目的
能够进行点的坐标放样。

2 仪器与工具
（1）每小组到仪器室借领：全站仪 1 台，三脚架 2 个，棱镜 1 个，花杆 1 个，记录板 1 块。

（2）自备：铅笔、计算器、计算用纸、小刀等。

3 内容与要求
（1）能够熟练运用点的坐标放样的相关知识。

（2）能够使用全站仪进行点的坐标放样操作。

4 参考资料
《道路工程测量》《公路工程施工测量》和《公路工程施工测量实训手册》教材。

5 实训步骤
（1）对中整平全站仪，进行测站定向工作

① 输入测站点点号 A，在全站仪中输入已知点的坐标和高程，确认后量取和输入仪器高。

② 询问和输入后视点点号 B，全站仪自动提取对应已知控制点的坐标和高程，询问和输入后视点棱镜高，最后回报确认后视点点号及棱镜高。

③ 望远镜瞄准后视点棱镜，然后按测量键并确认，完成测站后视定向工作。

（2）开始放样工作

① 输入放样点点号，输入放样点的坐标和高程，并显示放样点与测站点的方向和距离。

② 将水平度盘旋转到放样点方向，并锁定水平度盘，使用望远镜粗瞄，指导司尺员到达预定放样点方向上，通知司尺员面对仪器方向向左/向右移动棱镜杆。

③ 指导司尺员调整棱镜，使棱镜在望远镜视线以内，最终到达全站仪望远镜十字丝附近，然后测量距离，全站仪显示当前棱镜位置的前后偏距，并通知司尺员相对仪器延长/缩短的距离。

④ 接近放样点设计坐标位置处时，望远镜瞄准棱镜杆根部，指导司尺员调整方向，使得棱镜杆根部位于望远镜竖丝方向上，然后拨动竖直方向瞄准棱镜，再次测量距离，再次通知司尺员相对仪器延长/缩短的距离，直至最终放样点的方向和距离的偏距都满足放样精度要求（在以上放样过程中，水平度盘始终锁定在放样点的方向上，测量员须指导司尺员来调整棱镜位置到达指定的方向）。

⑤ 确认并通知司尺员钉桩，在桩位处再次立好棱镜后，询问棱镜高，测站修改棱镜高后，进行测量并记录实际放样点的坐标和高程。

6 实训数据

根据放样数据，在实地中放样长方形具体位置，采用点坐标放样的基本方法。

如图 4-1 所示长方形，后视点坐标为（30，10），A 点坐标（30，30），B 点坐标（30，60），C 点坐标（65，60），D 点坐标（65，30）。根据上述点坐标在实地中放样出长方形的位置。填写表 4-1。

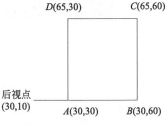

图 4-1 实地中放样长方形

表 4-1 放样数据检测表

点名称	坐标设计值	坐标实测值	放样误差	备注
A				
B				
C				
D				

根据上述计算的放样数据，进行长方形点坐标的放样，并写出放样步骤。

 实训过程记录与总结

实训任务 5　施工放样——点的坐标放样训练单 2

1　目的

能够进行点的坐标放样。

2　仪器与工具

（1）每小组到仪器室借领：全站仪 1 台，三脚架 2 个，棱镜 1 个，花杆 1 个，记录板 1 块。

（2）自备：铅笔、计算器、计算用纸、小刀等。

3　内容与要求

（1）进一步深入熟练运用点的坐标放样的相关知识。

（2）进一步深入使用全站仪进行点的坐标放样操作。

4　实训数据

如图 5-1 所示多边形，各点坐标如图示。根据点坐标在实地中放样出多边形的位置。填写表 5-1。

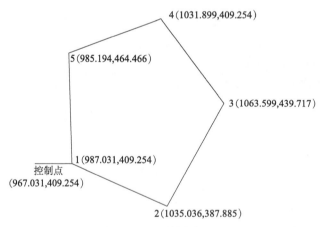

图 5-1　施工放样多边形

表 5-1　放样数据检测表

点名称	坐标设计值	坐标实测值	放样误差	备注
1				
2				
3				
4				
5				

实训任务5　施工放样——点的坐标放样训练单2

根据上述计算的放样数据，进行长方形点坐标的放样，并写出放样步骤。

 实训过程记录与总结

实训任务 6　路线偏角法详细放样圆曲线中线放样训练单

1　目的
(1) 学会用偏角法详细测设圆曲线。
(2) 掌握偏角法测设数据的计算。
(3) 掌握偏角法详细放样圆曲线的过程。

2　仪器与工具
由仪器室借领：全站仪 1 台，皮尺 1 把，斧子 1 把，棱镜 1 个，花杆 2 根，测钎 1 束，记录板 1 块，红油漆，测伞 1 把，工具包 1 个，记录表格 2 张。

3　步骤与方法
(1) 根据平曲线参数计算所需放样圆曲线任意点的极坐标参数（偏角及弦长）。
(2) 在 ZY 点架设全站仪，后视 JD_1。
(3) 进行圆曲线上第一个桩号点的放样，拨角度定方向，测距离定位置，对放样最终位置进行标记。
(4) 重复步骤（3）的操作，放样剩余桩号点的位置。

4　实训报告（表 6-1、表 6-2）

表 6-1　偏角法详细测设圆曲线

实训题目	偏角法详细测设圆曲线		成绩	
实训目的	掌握偏角法详细测设圆曲线的测设数据计算和放样方法			
主要仪器及工具	全站仪 1 台、皮尺 1 把、棱镜 1 个、花杆 2 根			
交点号	JD_1	交点桩号	K2+968.43	
转角观测值	34°12′00″			
曲线要素	R(半径)=200m　　T(切线长)=61.53m　　E(外距)=9.25m α(转角)=34°12′00″　L(曲线长)=119.38m　D(切曲差)=3.68m			
主点桩号	ZY 桩号 K2+906.9　　QZ 桩号 K2+966.59　　YZ 桩号 K3+026.28			

表 6-2　偏角法测设放样圆曲线任意点

主点桩号	ZY 桩号 K2+906.9　QZ 桩号 K2+966.59　YZ 桩号 K3+026.28			
	桩号	偏角	弦长/m	备注
圆曲线上的点	K2+906.902	0	0	
	K2+920	0°17′56″	13.096	$\Delta=\dfrac{l}{2R}\times\dfrac{180°}{\pi}$ $C=2R\sin\Delta$
	K2+940	0°45′18″	33.060	
	K2+960	1°12′54″	52.942	

续表

主点桩号	ZY 桩号 K2+906.9 QZ 桩号 K2+966.59 YZ 桩号 K3+026.28			
	桩号	偏角	弦长/m	备注
曲中点	K2+966.592	1°21′40″	59.468	
圆曲线上的点	K2+980	1°39′58″	72.691	$\Delta = \dfrac{l}{2R} \times \dfrac{180°}{\pi}$ $C = 2R\sin\Delta$
	K3+000	2°7′19″	92.257	
	K3+026.282	2°43′16″	117.608	

根据上述计算的放样数据，用极坐标偏角法进行圆曲线的放样，并写出放样步骤。

实训过程记录与总结

实训任务 7　用导线控制点恢复中线训练单

1　目的

(1) 学会用导线控制点恢复中线。
(2) 使用全站仪运用坐标法进行公路中桩放样。
(3) 掌握坐标法放样路中桩的过程。

2　仪器与工具

由仪器室借领：全站仪 1 台、皮尺 1 把、斧子 1 把、棱镜 1 个、花杆 2 根、测钎 1 束、记录板 1 块、红油漆、测伞 1 把、工具包 1 个、记录表格 2 张。

3　步骤与方法

(1) 在控制点 A 架设全站仪，对中、整平（参见《公路工程施工测量》图 3-4）；
(2) 将导线点坐标、路线有关数据输入计算机，运行计算机程序；
(3) 后视已知导线点 B，配置水平度盘读数至后视导线点坐标方位角 α_{AP}（输入后视点坐标）；
(4) 根据待放点 P 的桩号 L_i，计算机自动判断并计算该点的放样资料；
(5) 转动照准部，拨方位角 α_{AP}，量距离 S_{AP}，精确定出待放点 P；
(6) 检查该点 P 的桩号、方位角、距离是否正确。

重复第 (4)～(6) 步，放样其他路线中桩。

4　参考资料

《道路工程测量》和《公路工程施工测量》教材。

5　实训数据（表 7-1、表 7-2）

表 7-1　×××工程项目×××公路工程（一）

交点号	交点桩号	转角值	曲线要素值/m						
			半径	缓和曲线长度	缓和曲线参数	切线长度	曲线长度	外距	校正值
1	2	3	4	5	6	7	8	9	10
JD_1	K0+462.210	29°24′47.1″	200	70	118.322	87.725	172.671	7.828	2.78

表 7-2　×××工程项目×××公路工程（二）

路线中桩施工放样测量记录表							
工程名称	路基		工程部位		×××～×××段路线中桩		备注
桩号	设计坐标		实测坐标		差值		
	X/m	Y/m	X/m	Y/m	ΔX/mm	ΔY/mm	
K0+350	3773705.527	517030.123					
K0+374.485	3773681.044	517029.828					ZH

续表

路线中桩施工放样测量记录表

工程名称	路基		工程部位	×××～×××段路线中桩		备注
桩号	设计坐标		实测坐标		差值	
	X/m	Y/m	X/m	Y/m	$\Delta X/mm$	$\Delta Y/mm$	
K0+400	3773655.538	517029.200					
K0+444.485	3773611.272	517025.073					HY
K0+450	3773605.835	517024.148					
K0+460.821	3773595.221	517022.044					QZ
K0+477.156	3773579.360	517018.146					YH
K0+500	3773557.584	517011.261					
K0+547.156	3773514.548	516992.080					HZ
K0+550	3773512.033	516990.753					
测站点：	X/m：3773641.617			Y/m：517014.930		
后视点：	X/m：3773541.617			Y/m：517014.930		
误差：	X/mm：20			Y/mm：20		

根据上述计算的放样数据，进行平曲线点坐标的放样，并写出放样步骤，绘制平曲线草图。

实训过程记录与总结

实训任务 8　路线中桩纵断面高程放样训练单

1　目的
(1) 学会用纵断面设计资料计算中桩高程。
(2) 学会使用水准仪进行中桩高程放样。
(3) 掌握中桩高程放样的过程。

2　仪器与工具
由仪器室借领：水准仪 1 台、水准尺 2 个、记录板 1 块、红油漆、测伞 1 把、工具包 1 个、记录表格 2 张。

3　步骤与方法
(1) 放样纵坡为 1‰ 的直线段路线纵断面高程；
(2) 在路基设计表或纵断面图上直接查得中桩设计高程；
(3) 在实训场地现场确定起始水准点 BM_1，并假定高程为 100.000m；
(4) 通过水准点 1 测量路线直线段的原地面高程；
(5) 根据设计高程放样路线中桩高程施工位置，并标记。

4　参考资料
《道路工程测量》和《公路工程施工测量》教材。

5　实训数据（表 8-1）
本任务设计高程计算公式如下：

$$设计高程 = 原地面高程 + 高差$$
$$高差 = 0.2 + 距离 \times 纵坡度$$
$$起始桩号高差为 0.2m$$

注：本次任务实训数据授课教师可根据实际情况自行组织。

表 8-1　×××工程项目×××公路工程

路线中桩施工放样测量记录表

工程名称	路基工程部位×××～×××段路线中桩					备注
桩号	原地面高程/m	高差/m	设计高程/m	设计高程实测值/m	差值/m	
K0+000						
K0+010						
K0+020						
K0+030						
K0+040						

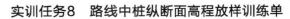 实训任务8 路线中桩纵断面高程放样训练单

续表

路线中桩施工放样测量记录表

工程名称	路基工程部位×××～×××段路线中桩					备注
桩号	原地面高程/m	高差/m	设计高程/m	设计高程实测值/m	差值/m	
K0+050						
K0+060						
K0+070						
K0+080						
K0+090						
K0+100						
K0+110						
K0+120						
K0+130						
K0+140						

根据上述计算的放样数据，进行路线中桩高程的放样，并写出放样步骤，绘制草图。

 实训过程记录与总结

实训任务 9 路基边桩放样训练单

1 目的
（1）学会路基边桩的放样。
（2）能够使用全站仪进行路基边桩的放样。
（3）掌握路基边桩、边坡的放样过程。

2 仪器与工具
由仪器室借领：水准仪 1 台、水准尺 2 个、记录板 1 块、红油漆、测伞 1 把、工具包 1 个、记录表格 2 张。

3 步骤与方法
路基边桩放样就是在地面上将每一个横断面的路基边坡线与地面的交点，用木桩标定出来。边桩的位置由横断面方向、两侧边桩至中桩的距离来确定。常用的边桩放样方法如下：

（1）图解法 路基横断面图为供路基施工的主要依据，可根据已戴好"帽子"的横断面图放样边桩。就是直接在横断面图上量取中桩至边桩的距离，然后在实地用皮尺沿横断面方向将边桩丈量并标定出来。每个横断面都放出边桩后，再分别将路中线两侧的路基坡脚桩或路堑坡顶桩用灰线连接起来，即为路基填挖边界。在填挖方量不大时，使用此法较多。此法一般使用于较低等级的公路路基边桩放样。

（2）解析法 就是根据路基填挖高度、边坡率、路基宽度和横断面地形情况，先计算出路基中心桩至边桩的距离；然后在实地沿横断面方向按距离将边桩放出来。一般情况下，当施工现场没有横断面设计图，只有施工填挖高度时，可用解析法放样路基边桩，如图 9-1、图 9-2 所示。解析法放样路基边桩的精度比图解法高，主要用于一般公路平坦地形或地面横坡均匀一致地段的路基边桩放样。

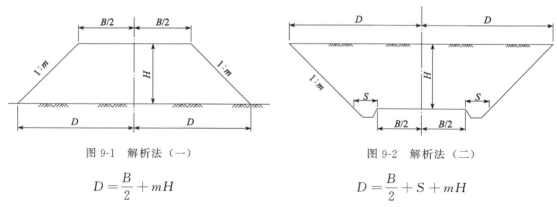

图 9-1 解析法（一）　　　　　　　　图 9-2 解析法（二）

$$D = \frac{B}{2} + mH \qquad\qquad D = \frac{B}{2} + S + mH$$

式中，B 为路基宽度；m 为边坡坡度；H 为填挖高；S 为路堑边沟顶宽。

（3）渐进法 渐进法的原理是，在分段丈量水平距离的同时，用水准仪或全站仪测出该段地面两点的高差，最后累计得出边桩点与中桩点的高差，即可用公式验证其水平距离是否正确，如有不符，就逐渐移动边桩，直至位置正确为止。该法精度高，既可用于高等级公路，又可用于中、低级公路。

4 参考资料

《道路工程测量》和《公路工程施工测量》教材。

5 实训数据

路基宽度为9m，填方段边坡为1∶1.5，挖方段边坡为1∶1，挖方段排水沟宽度为1m。请填写表9-1。

表 9-1 放样数据计算

桩号	左高差/m	右高差/m	左边距/m	右边距/m	差值/m	备注
K0+000	1.25	1.25				
K0+010	1.38	0.38				
K0+020	1.46	0.56				
K0+030	1.53	0.41				
K0+040	1.69	−0.24				
K0+050	1.74	0.74				
K0+060	1.81	0.81				
K0+070	1.95	0.95				
K0+080	−1.32	0.32				
K0+090	−1.46	−1.46				
K0+100	−1.57	−1.57				
K0+110	−1.61	−1.88				
K0+120	−1.78	−1.53				
K0+130	−1.84	−1.29				
K0+140	−1.96	−1.96				

根据上述计算的放样数据，进行路线边桩位置及高程的放样，并写出放样步骤，绘制草图。

实训过程记录与总结

实训任务 10 桥位（路线）坐标、高程复测训练单

1 目的

(1) 学会桥位（路线）坐标、高程复测。
(2) 使用全站仪进行桥位（路线）坐标、高程复测。

2 仪器与工具

由仪器室借领：全站仪 1 台、皮尺 1 把、斧子 1 把、棱镜 1 个、花杆 2 根、测钎 1 束、记录板 1 块、红油漆、测伞 1 把、工具包 1 个、记录表格 2 张。

3 步骤与方法

3.1 导线点联测及控制网加密

导线控制网布设形式主要为：三角锁（网）、附合导线、闭合导线、支导线。导线点间距一般为 100~200m，选择在坚固、稳定、不易破坏的位置，导线点相互通视良好。联测平差完成经测量监理工程师核查、批准后进行施工测量放样。

3.2 设计坐标、高程计算复核

设计坐标、高程数据、测量控制数据必须进行计算复核，严格执行测量工作双检制，复核无误后方可进行现场测量放样。

3.3 桥位（路线）坐标、高程复测

依据设计资料对桥位（路线）坐标位置、高程进行复测，核对实测结果与设计资料是否一致，经测量监理工程师核实，方可进行下道工序施工。

4 参考资料

《道路工程测量》和《公路工程施工测量》教材。

5 实训数据

西柳河桥路线中心线与水流方向交角约 120°，桥梁交角采用 120°，桥长 85.04m，桥宽 10m，桥梁上部结构采用 4m×20m 预应力混凝土简支空心板，下部结构桥台采用柱式桥台桩基础，桥墩采用柱式墩桩基础。

其桩位坐标如表 10-1 所示。

表 10-1 ×××桥梁工程

桥墩中桩施工放样测量记录表

工程名称	×××桥梁工程		工程部位		桥墩		备注
桩号	设计坐标		实测坐标		差值		
	X/m	Y/m	X/m	Y/m	ΔX/mm	ΔY/mm	
0 号墩（左）	−0.062	2.950					
0 号墩（右）	−3.649	−2.950					

续表

桥墩中桩施工放样测量记录表

工程名称	×××桥梁工程		工程部位		桥墩		备注
桩号	设计坐标		实测坐标		差值		
	X/m	Y/m	X/m	Y/m	$\Delta X/mm$	$\Delta Y/mm$	
1号墩（左）	19.438	2.950					
1号墩（右）	16.032	-2.950					
2号墩（左）	39.438	2.950					
2号墩（右）	36.032	-2.950					
3号墩（左）	59.438	2.950					
3号墩（右）	56.032	-2.950					
4号墩（左）	78.939	2.950					
4号墩（右）	75.532	-2.950					
测站点：	X/m：39.436			Y/m：22.950			
后视点：	X/m：19.436			Y/m：22.950			
误差：	X/mm：10			Y/mm：10			

请根据桩位坐标进行实地桥梁中心桩平面位置的放样，并写出放样步骤，绘制桩位平面布置草图。

实训过程记录与总结

实训任务 11 灌注桩桩位、墩柱放样训练单

1 目的
(1) 学会灌注桩桩位、墩柱放样。
(2) 能够使用全站仪进行灌注桩桩位、墩柱放样。

2 仪器与工具
由仪器室借领：全站仪 1 台、皮尺 1 把、斧子 1 把、棱镜 1 个、花杆 2 根、测钎 1 束、记录板 1 块、红油漆、测伞 1 把、工具包 1 个、记录表格 2 张。

3 步骤与方法

3.1 灌注桩桩位放样
采用全站仪极坐标法进行逐桩放样，执行测量放样双检制，放样误差＜10mm，并用钢尺检核相邻桩位中心距离。使用 5cm×5cm×35cm 木桩作为标志桩，并将木桩周围涂为红白相间明示标志，避免车辆、人为破坏，做好报检、工序交接工作。

3.2 护筒中心线、高程控制
护筒开挖、埋实后将桩位设计中心及时恢复，并用十字线将桩位中心引测至护筒内壁以油漆做好标记；用水准仪测量护筒顶面高程。

3.3 钻（挖）孔中心复核
(1) 钻孔桩钻机开钻前对中心进行检测，偏差＜10mm 方可允许开钻。钻进过程、成孔前、成孔后，根据钻进速度定期检测钻杆中心和垂直度偏差，注意钻机平台的平整度检测，发现偏差及时纠正。
(2) 钻（挖）孔桩开挖过程中主要控制孔口中心、孔壁的垂直度和孔径、钻孔深度。

3.4 灌注桩钢筋笼中心定位、高程控制
钻（挖）孔成孔后进行验孔、吊放钢筋笼，钢筋笼顶口中心依据护筒（孔口）中心线控制其定位精度。混凝土浇筑过程中，采取措施避免钢筋笼上浮和位移，确保钢筋笼定位准确。通过护筒顶面设置的临时水准点，对钢筋笼放置高度、混凝土浇筑高度进行控制。

3.5 灌注桩成品检测
结合承台施工方案，制订详细的实施承台测量方案、围堰观测方案，基坑开挖过程严格按要求控制开挖深度、厚度，严禁超挖，密切监测围堰的稳定性，确保施工安全、准确。按规范要求控制基坑开挖底高程，做好承台底（封底混凝土）高程的控制检测工作。

承台基坑开挖、凿除灌注桩桩头松散的混凝土，按要求严格控制桩头顶高程，桩头清理完毕后及时恢复钢筋笼实际中心，进行桩中心成品验收，经测量监理工程师核实后方可进行承台施工。

3.6 承台施工控制
采用全站仪极坐标法放样承台中心及承台轮廓边缘线，依次进行钢筋绑扎、模板安装、

浇筑混凝土，注意控制承台模板顶口尺寸、偏位、高程及侧面的牢固性，精度偏差＜5mm。

3.7 承台成品检测

承台施工完成后及时测放其顶面中心线，检测顶面高程，进行成品验收。

3.8 墩柱放样、垂直度、高程控制

采用全站仪极坐标法测放承台中心、墩柱中心、墩柱纵横轴线方向桩，点位放样精度偏差＜5mm，并用墨斗弹出墩柱轮廓线。

为确保墩柱模板垂直度符合要求，用水准仪严格控制模板底混凝土高程带平整度四角偏差＜2mm。用两台经纬仪分别架于墩柱纵横轴线方向桩上，调整、控制、检测模板垂直度，检测完成将模板拉线（风缆）、支撑加固牢，避免浇筑混凝土过程出现位移和偏差，确保墩柱混凝土成品位置符合规范要求。

用水准仪测量墩柱底口四角高程，用钢尺沿墩柱侧面向上引测高程，控制墩柱顶面混凝土高程，一般高出设计 3~4cm，待盖梁施工前将墩柱顶部 2~3cm 凿除，使墩柱、盖梁较好地结合为一体。

4 参考资料

《道路工程测量》和《公路工程施工测量》教材。

5 实训数据

山货桥路线中心线与水流方向交角约 100°，桥梁交角采用 100°，桥长 45.118m，桥宽 10m，桥梁上部结构采用 2m×20m 预应力混凝土简支空心板，下部结构桥台采用柱式桥台桩基础，桥墩采用柱式墩桩基础。

其桩位坐标如表 11-1 所示。

表 11-1　山货桥梁工程

桥墩中桩施工放样测量记录表							
工程名称	山货桥梁工程		工程部位		桥墩		备注
桩号	设计坐标		实测坐标		差值		
	X/m	Y/m	X/m	Y/m	$\Delta X/mm$	$\Delta Y/mm$	
0号墩（左）	689.252	1924.947					
0号墩（右）	683.343	1923.967					
1号墩（左）	689.454	1944.509					
1号墩（右）	683.544	1943.529					
2号墩（左）	689.655	1964.071					
2号墩（右）	683.746	1963.091					
测站点：	X/m：709.454			Y/m：1944.509			
后视点：	X/m：709.454			Y/m：1924.509			
误差：	X/mm：10			Y/mm：10			

请根据桩位坐标进行实地桥梁中心桩平面位置的放样，并写出放样步骤，绘制桩位平面布置草图。

实训过程记录与总结

实训任务12 利用GPS进行地形测绘训练单

1 目的
能够进行地形测绘。

2 仪器与工具
（1）每小组到仪器室借领：RTK 2台，三脚架1个，对中杆1个，记录板1块。
（2）自备：铅笔、计算器、计算用纸、小刀等。

3 内容与要求
能够熟练运用RTK进行地形测绘。

4 参考资料
《道路工程测量》和《公路工程施工测量》教材。

5 实训操作原理
在固定解的前提下利用RTK进行碎步点测量。

6 实训数据
如图12-1所示，其中，K01、K02、K03等为控制点，请利用GNSS接收机按测图要求绘制1∶500数字地形图。测图要求按技术规范。

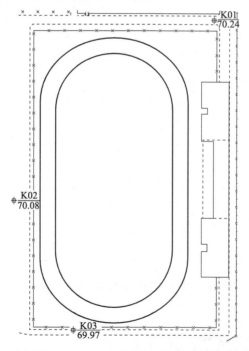

图12-1　1∶500数字测图竞赛场地示意图

实训任务12 利用GPS进行地形测绘训练单

控制点坐标如下：

K01：$x=1901.667\text{m}$　$y=2880.822\text{m}$　$H=111.244\text{m}$

K02：$x=1802.985\text{m}$　$y=2762.218\text{m}$　$H=111.078\text{m}$

K03：$x=1714.228\text{m}$　$y=2805.325\text{m}$　$H=110.969\text{m}$

上交成果：

（1）原始测量数据文件（dat格式）。

（2）野外草图。

（3）dwg格式的地形图数据文件。

 实训过程记录与总结

实训任务 13　利用 RTK 进行点放样训练单

1　目的
能够进行道路工程点的放样。

2　仪器与工具
（1）每小组到仪器室借领：RTK 2 台，三脚架 1 个，对中杆 1 个，记录板 1 块。
（2）自备：铅笔、计算器、计算用纸、小刀等。

3　内容与要求
能够熟练运用 RTK 进行点的放样。

4　参考资料
《道路工程测量》和《公路工程施工测量》教材。

5　实训操作原理
在固定解的前提下利用 RTK 进行点放样。

6　实训数据
（1）测前准备。获取 2～3 个控制点的坐标（如果没有已知数据可用静态 GPS 先进行控制测量），解算或用相关软件求出放样点的坐标，检查仪器是否能正常使用。

（2）站的架设。将基准站架设在较空旷的地方（附近无高大建筑物或高压电线等），架设完后安装电台，连接好仪器后开启基准站主机，打开电台并设置频率。

（3）建立新工程。开启移动站主机，待卫星信号稳定并达到 5 颗以上卫星时，先连接蓝牙，连接成功后设置相关参数：工程名称、椭球系名称、投影参数设置、参数设置（未启用可以不填写），最后确定，工程新建完毕。

（4）输入放样点。打开坐标库，在此我们可以输入编辑放样点，也可以事先编辑好放样点文件，点击打开放样点文件，软件会提示是对坐标库进行覆盖或是追加。

（5）测量校正。测量校正有两种方法：控制点坐标求校正参数和利用点校正。

本次工程点的设计坐标值见表 13-1。

表 13-1　点放样设计坐标

点号	X/m	Y/m
1	207855.346	300511.643
2	207859.553	300520.715
3	207863.760	300529.787
4	207867.967	300538.859
5	207872.174	300547.930

续表

点号	X/m	Y/m
6	207876.381	300557.002
7	207880.588	300566.074
8	207884.796	300575.146
9	207889.003	300584.218
10	207893.210	300593.290

实训过程记录与总结

实训任务 14 利用 RTK 进行道路工程曲线放样训练单

1 目的
能够进行道路工程曲线放样。

2 仪器与工具
（1）每小组到仪器室借领：RTK 2 台，三脚架 1 个，对中杆 1 个，记录板 1 块。
（2）自备：铅笔、计算器、计算用纸、小刀等。

3 内容与要求
能够熟练运用 RTK 进行曲线放样。

4 参考资料
《道路工程测量》和《公路工程施工测量》教材。

5 实训操作原理
在固定解的前提下利用 RTK 进行曲线放样。

6 实训数据
用 RTK 放样曲线的准备工作与 RTK 的点的放样一样，如果曲线各点的坐标是已知数据，则可按放样点的方法进行曲线放样。但是如果不知道曲线坐标，也可以将曲线条件输入手簿，由手簿解算主点和细部点的坐标进行放样。RTK 所提供的解算软件是按一定的里程进行解算坐标的，待坐标解算完毕后就可按点的放样方法进行放样。曲线要素见表 14-1，曲线放样如图 14-1 所示。

表 14-1 曲线要素表

JD	偏角		R/m	T/m	L/m	E/m
	左偏	右偏				
K100+000.00		15°00′00″	400.00	52.66	104.72	3.15

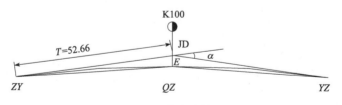

图 14-1 曲线放样图

曲线主点及细部点坐标由计算得到，见表 14-2。

实训任务14　利用RTK进行道路工程曲线放样训练单

表 14-2　圆曲线主点及细部点设计坐标表

里程	X/m	Y/m
ZY(K99+947.34)	207849.107	300507.275
QZ(K99+999.70)	207875.116	300552.846
YZ(K100+052.06)	207894.657	300601.382
K99+950	207850.856	300509.507
K99+960	207856.168	300517.980
K99+970	207861.256	300526.583
K99+980	207866.147	300535.310
K99+990	207870.808	300544.157
K100+0	207875.247	300553.117
K100+10	207879.160	300562.186
K100+20	207883.146	300571.357
K100+30	207887.201	300580.625
K100+40	207890.723	300589.984
K100+50	207894.010	300599.128

 实训过程记录与总结

实训任务 15 路线施工高程测量测试考核

表 15-1 路线施工高程测量测试考核表（一）

班级：　　　　　　　组别：　　　　　　　姓名：

水准尺方向	测点	后视 a/m	前视 b/m	高差/m		高程 H/m
				+	−	
正面	A					100.000
	B					
反面	A					100.000
	B					
			B 点高程平均值			

注：本次测试满分 20 分，时间满分 6 分，计算满分 8 分，操作满分 6 分。3 分钟内完成时间按 12 分计，4 分钟内完成时间按 10 分计，每超过 1 分钟时间扣 1 分，7 分钟内未完成操作停止考核。操作扣分项：读数错误扣 3 分，圆水准器未居中扣 2 分。

时间：　　　　　　　计算得分：　　　　　　　操作扣分：

表 15-2 路线施工高程测量测试考核表（二）

班级：　　　　　　　组别：　　　　　　　姓名：

水准尺方向	测点	后视 a/m	前视 b/m	高差/m		高程 H/m
				+	−	
正面	A					100.000
	B					
反面	A					100.000
	B					
			B 点高程平均值			

注：本次测试满分 20 分，时间满分 6 分，计算满分 8 分，操作满分 6 分。3 分钟内完成时间按 7 分计，4 分钟内完成时间按 6 分计，每超过 1 分钟时间扣 1 分，7 分钟内未完成操作停止考核。操作扣分项：读数错误扣 3 分，圆水准器未居中扣 2 分。

时间：　　　　　　　计算得分：　　　　　　　操作扣分：

实训任务 16 路线施工高程放样考核

表 16-1 路线施工高程放样考核表（一）

班级：　　　　　　　组别：　　　　　　　姓名：

待测点名称	待测点水准尺读数 （前视计算出数据）/m	水准点高程/m	水准点水准尺读数 （后视读出数据）/m	待测点高程/m
A 点	$b=$	$H_R = 27.364$	$a=$	$H_A=$

注：本次测试满分 20 分，时间满分 8 分，计算满分 6 分，操作满分 6 分。2 分钟内完成时间按 9 分计，3 分钟内完成时间按 8 分计，每超过 1 分钟时间扣 1 分，6 分钟内未完成操作停止考核。操作扣分项：读数错误扣 3 分，圆水准器未居中扣 2 分。

时间：　　　　　　　计算得分：　　　　　　　操作扣分：

表 16-2 路线施工高程放样考核表（二）

班级：　　　　　　　组别：　　　　　　　姓名：

待测点名称	待测点水准尺读数 （前视计算出数据）/m	水准点高程/m	水准点水准尺读数 （后视读出数据）/m	待测点高程/m
A 点	$b=$	$H_R = 29.863$	$a=$	$H_A=$

注：本次测试满分 20 分，时间满分 8 分，计算满分 6 分，操作满分 6 分。2 分钟内完成时间按 9 分计，3 分钟内完成时间按 8 分计，每超过 1 分钟时间扣 1 分，6 分钟内未完成操作停止考核。操作扣分项：读数错误扣 3 分，圆水准器未居中扣 2 分。

时间：　　　　　　　计算得分：　　　　　　　操作扣分：

表 16-3 路线施工高程放样考核表（三）

班级：　　　　　　　组别：　　　　　　　姓名：

待测点名称	待测点水准尺读数 （前视计算出数据）/m	水准点高程/m	水准点水准尺读数 （后视读出数据）/m	待测点高程/m
A 点	$b=$	$H_R = 33.587$	$a=$	$H_A=$

注：本次测试满分 20 分，时间满分 8 分，计算满分 6 分，操作满分 6 分。2 分钟内完成时间按 9 分计，3 分钟内完成时间按 8 分计，每超过 1 分钟时间扣 1 分，6 分钟内未完成操作停止考核。操作扣分项：读数错误扣 3 分，圆水准器未居中扣 2 分。

时间：　　　　　　　计算得分：　　　　　　　操作扣分：

实训任务 17　路线施工平面坐标放样考核

表 17-1　路线施工平面坐标放样考核表（一）

班级：　　　　　　组别：　　　　　　姓名：　　　　　　学号：

后视点坐标	测站点坐标	待测点坐标	放样误差
(967.031, 409.254)	(987.031, 409.254)		

注：本次测试满分 20 分，时间满分 8 分，计算满分 6 分，操作满分 6 分。4 分钟内完成时间按 9 分计，5 分钟内完成时间按 8 分计，每超过 1 分钟时间扣 1 分，10 分钟内未完成操作停止考核。操作扣分项：未对中扣 2 分，水准器未居中扣 2 分，未照准目标扣 2 分。

时间：　　　　　　计算得分：　　　　　　操作扣分：

表 17-2　路线施工平面坐标放样考核表（二）

班级：　　　　　　组别：　　　　　　姓名：　　　　　　学号：

后视点坐标	测站点坐标	待测点坐标	放样误差
(967.031, 409.254)	(987.031, 409.254)		

注：本次测试满分 20 分，时间满分 8 分，计算满分 6 分，操作满分 6 分。4 分钟内完成时间按 9 分计，5 分钟内完成时间按 8 分计，每超过 1 分钟时间扣 1 分，10 分钟内未完成操作停止考核。操作扣分项：未对中扣 2 分，水准器未居中扣 2 分，未照准目标扣 2 分。

时间：　　　　　　计算得分：　　　　　　操作扣分：

表 17-3　路线施工平面坐标放样考核表（三）

班级：　　　　　　组别：　　　　　　姓名：　　　　　　学号：

后视点坐标	测站点坐标	待测点坐标	放样误差
(967.031, 409.254)	(987.031, 409.254)		

注：本次测试满分 20 分，时间满分 8 分，计算满分 6 分，操作满分 6 分。4 分钟内完成时间按 9 分计，5 分钟内完成时间按 8 分计，每超过 1 分钟时间扣 1 分，10 分钟内未完成操作停止考核。操作扣分项：未对中扣 2 分，水准器未居中扣 2 分，未照准目标扣 2 分。

时间：　　　　　　计算得分：　　　　　　操作扣分：

实训任务 18　路线中桩位置及高程放样考核

利用测量仪器，对学生进行路线中桩位置及高程放样核心技能的考核，使学生能够按照施工测量员的标准进行施工放样工作。放样考核数据任课教师可根据实际情况给定。

表 18-1　路线中桩位置及高程放样考核表

承包单位：　　　　　　　　　　　　施工标段：
监理单位：　　　　　　　　　　　　编　　号：

路线中桩位置及高程放样考核表									
工程名称	路基			工程部位	×××～××× 段路线中桩				备注
桩号	设计坐标		实测坐标		差值		高程/m			偏移值 （左，右）/cm
	X/m	Y/m	X/m	Y/m	ΔX/mm	ΔY/mm	设计	实测	差值	

测站点：　　　X/m：　　　　　　　　Y/m：　　　　　　　　H/m：
后视点：　　　X/m：　　　　　　　　Y/m：　　　　　　　　H/m：
核减点：　　　X/m：　　　　　　　　Y/m：　　　　　　　　H/m：

监理意见：

测量：　　　　　计算：　　　　　复核：　　　　　监理：
考核成绩：

实训任务 19　桥梁墩台中桩位置及高程放样考核

利用测量仪器，对学生进行桥梁墩台中桩位置及高程放样核心技能的考核，使学生能够按照施工测量员的标准进行施工放样工作（表19-1）。放样考核数据任课教师可根据实际情况给定。

表 19-1　桥墩台及基础桩位放样考核表

施工单位：
监理单位：

项目名称	桥墩				范围			
桥墩台桩号	设计值/m		实测值/m		偏差/mm			备注
	X	Y	X	Y	ΔX	ΔY	$\sqrt{\Delta X^2 + \Delta Y^2}$	
								浇筑或安装应附构件控制点位置布置图及测量原始数据记录

计算数据	测站点坐标 X：　　　，Y：	全站仪型号
	后视点坐标 X：　　　，Y：	
	距　　离 $AB=$　　　（m）	
	实测距离 $AB_S=$　　　（m）	

测量：　　　　　　记录：　　　　　　监理工程师：　　　　　　日期：
考核成绩：

实训任务 20　全国测量大赛二等水准测量赛项训练单

1　目的

能够进行二等水准测量。

2　仪器与工具

（1）每小组到仪器室借领：精密水准仪 2 台，三脚架 1 个，条形码尺 2 把，尺垫 2 个，记录板 1 块。

（2）自备：铅笔、计算器、计算用纸、小刀等。

3　内容与要求

能够熟练运用精密水准仪进行二等水准测量。

4　参考资料

《道路工程测量》和《公路工程施工测量》教材。

5　实训操作原理

同普通水准测量，详见《国家一、二等水准测量规范》GB/T 12897—2006。

6　实训数据

如图 20-1 所示闭合水准路线，已知 $A01$ 点高程为 110.803m，测算 $B04$、$C01$ 和 $D03$ 点的高程，测算要求按技术规范。

上交成果：二等水准测量竞赛成果，包括观测手簿、高程误差配赋表（表 20-1、表 20-2）和高程点成果表。

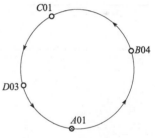

图 20-1　二等水准测量竞赛路线示意图

表 20-1　二等水准测量手簿示例（参考）

测自　　　　　至　　　　　　日期：　　　年　　　月　　　日

测站编号	后距	前距	方向及尺号	标尺读数		两次读数之差	备注
	视距差	累积视距差		第一次读数	第二次读数		
			后				
			前				
			后-前				
			h				
			后				
			前				
			后-前				

续表

测站编号	后距 视距差	前距 累积视距差	方向 及尺号	标尺读数		两次读数之差	备注
				第一次读数	第二次读数		
			后				
			前				
			后−前				
			h				
			后				
			前				
			后−前				
			h				
			后				
			前				
			后−前				
			h				
			后				
			前				
			后−前				
			h				

注：高差中数按 4 舍 6 进 5 看奇偶的原则取之 0.00001。

表 20-2 高程误差配赋表

点名	测段编号	距离/m	观测高差/m	改正数/m	改正后高差/m	高程/m
			$W=$	$W_允=$		

注：高差取位到 0.00001m，高程取位到 0.001m。